Die Kinder des großen Königs

&

Die Melodie des Königs

Legenden und Weisheitsgeschichten von

Max Lucado

BRUNNEN
Verlag GmbH · Giessen

Titel der amerikanischen Originalausgaben:

Tell me the Story.
Text copyright © 1992, 2005 by Max Lucado

Tell me the Secrets.
Text copyright © 1993, 2004 by Max Lucado

Originalausgaben: Crossway Books, a publishing ministry of
Good News Publishers, Wheaton, Illinois 60187, U.S.A.
Beide Ausgaben erscheinen aufgrund einer Vereinbarung mit
Good News Publishers. Alle Rechte vorbehalten.

Die Geschichte *Die Wemmicks* ist unter dem Titel
Du bist einmalig beim Hänssler Verlag erschienen.
© 2003 by Hänssler Verlag, D-71088 Holzgerlingen.
Der Abdruck erfolgt mit der freundlichen
Genehmigung des Verlags.

Bibelzitate erfolgen i.d.R. nach der Übersetzung: *Hoffnung für alle.*
© 1986, 1996, 2002 by Biblica Inc.®.
Verwendet mit freundlicher Genehmigung von *`fontis* – Brunnen Basel.
Alle weiteren Rechte weltweit vorbehalten.

Übersetzung aus dem Englischen: Gabriele Herling
Lektorat: Renate Hübsch

FSC www.fsc.org
MIX
Papier aus verantwortungsvollen Quellen
FSC® C083411

4. Gesamtauflage 2017
3. Taschenbuchausgabe
© der deutschsprachigen Ausgabe
2009 Brunnen Verlag Gießen
www.brunnen-verlag.de
Umschlagmotiv: shutterstock / photodisc
Umschlaggestaltung: Ralf Simon
Satz: DTP Brunnen
Herstellung: CPI – Ebner & Spiegel GmbH, Ulm
ISBN 978-3-7655-4182-7

Inhalt

Die Kinder des grossen Königs

Die Melodie des Königs

Die Kinder des großen Königs

und andere Geschichten

Für Zachary und Jared

Meinen Freunden und Mitarbeitern Bryan und Becky Gibbs und ihren vier Söhnen Bryan, Lucas, Benjamin und Samuel in Dankbarkeit für zehn Jahre hingebungsvollen Einsatz für Brasilien.

MAX LUCADO

»So handelt Gott! So machtvoll greift er ein!«

PSALM 64,10

Vorwort

Wenn Mäuse brüllen

Die zweijährige Sara sitzt auf meinem Schoß. Wir sehen im Fernsehen einen lustigen Film über einen Mann, der eine Maus in seinem Zimmer hat. Er schläft. Dann öffnet er ein Auge und blinzelt genau in das Gesicht des Nagetiers. Die Kamera geht auf Augenhöhe mit der Maus, und plötzlich ist der gesamte Bildschirm ausgefüllt von zwei blanken Augen, langen Barthaaren und einer zuckenden Nase. Ich lache. Aber Sara hat Angst. Sie wendet sich vom Fernseher weg und vergräbt ihren Kopf an meiner Schulter, klammert sich ganz fest an meinen Hals, und ihr kleiner Körper wird ganz starr. Sie glaubt, dass die Maus sie fangen wird.

»Es ist alles in Ordnung, Sara«, versichere ich ihr.

Sie klammert sich weiter an mich. »Es ist doch nur ein Film.«

Sie blinzelt mit einem Auge zu mir hoch und vergräbt ihr Näschen wieder in meinem Hemd.

»Maus kriegt mich«, wimmert sie.

»Du brauchst keine Angst zu haben«, sage ich. »Es ist keine echte Maus.«

Ich spreche in bestimmtem Ton, weil ich da ganz sicher bin. Es ist nichts da, wovor man sich fürchten müsste. Ich weiß es. Ich habe schon früher Riesenmäuse auf dem Bildschirm gesehen. Ich weiß, dass sie wieder verschwinden.

Sara weiß es nicht. Zweijährige verstehen noch nicht, was Fernsehen ist. Nach ihrem Wissensstand kann der Nager, den sie auf dem Bildschirm sieht, jederzeit aus dem Kasten entkommen und sie verschlingen. In ihrer Vorstellung wird diese Maus immer da sein, wenn sie diesen Raum betritt. In ihren Augen ist ein Fernseher ein Glaskasten, in dem Riesenmäuse wohnen. Es *gibt* Grund, sich zu fürchten.

Also hat sie Angst.

Aber mit der Zeit kann ich sie überzeugen. Mit der Zeit nimmt sie mir ab, dass die Maus nur ein Spielzeug ist und der Fernseher ausgeschaltet werden kann. Bald sitzt sie wieder entspannt auf meinem Schoß, und wir lachen zusammen über den Mann, dessen Wasserhahn kaputtgeht und dem das Wasser ins Gesicht spritzt. In wenigen Augenblicken hat sich Saras panische Angst in ein beruhigtes Glucksen verwandelt. Warum? Weil ihr Vater etwas gesagt hat und sie ihm glaubt.

Wenn wir das nur auch tun würden. Haben Sie irgendwelche Riesenmäuse auf Ihrem Bildschirm? Ängste, die nicht verschwinden wollen? Gibt es da irgendwelche bärtigen Monster, die Sie anstarren?

Ich wünschte, unsere Ängste wären nichts als Fernsehbilder. Aber sie sind es nicht. Sie lauern in Krankenhauszimmern und in den Häusern, wo man um einen Menschen trauert. Von Scheidungsdokumenten und Zwangsräumungsbefehlen starren sie uns entgegen. Sie funkeln uns an aus den Augen grausamer Eltern oder gewalttätiger Partner.

Und genau wie Sara bekommen wir Angst. Aber anders als Sara wissen wir nicht, wohin wir uns wenden sollen. Warum kam Sara zu mir, ihrem Vater, um sich trösten zu lassen? Ganz einfach. Sie kennt mich. Ihre Welt besteht nur aus einer Handvoll Menschen, und ich bin einer davon. Und momentan bin ich der Größte in dieser Welt.

Sie glaubt, ich bin stark. (Schließlich kann ich sie hochheben.)

Sie glaubt, ich bin kompetent. (Schließlich kann ich ein Auto fahren.)

Und sie glaubt, ich bin weise. (Bitte sagen Sie ihr nicht die Wahrheit.)

Und weil sie mich kennt, vertraut sie mir. Instinktiv ist ihr bewusst, dass ich mehr weiß als sie. Wenn ich ihr also sage, dass sie sich nicht fürchten muss, tut sie es auch nicht.

Instinktiv sollten wir wissen, dass Gott mehr weiß als wir. Unser gesunder Menschenverstand sollte uns sagen, dass er keine Angst vor den Mäusen hat, die in unserer Welt brüllen.

Wir winden uns beim Thema Tod. (Er nicht.)

Wir haben Angst vor morgen. (Er nicht.)

Wir werden nervös, wenn sich die Zeiten ändern. (Gott nicht.)

Er hat das alles schon durchgemacht. Er weiß, wie der Film zu Ende geht. Er weiß, dass die größte Angst, die der Feind uns entgegenwerfen kann, nur eine Illusion ist. Er will, dass wir auf seine Stimme hören und ihm vertrauen – so wie Sara mir vertraut. Um das zu tun, müssen wir genau das tun, was Sara tat. Wir müssen unseren Vater kennen. Und das ist meine Absicht mit diesem Buch: Ich möchte Ihnen helfen, Ihren Vater kennenzulernen.

Ihren Vater. Den,
der in seiner hohlen Hand die Ozeane hielt,
der mit seinen Fingern die Himmel ausmaß,
der das Gewicht von Gebirgen auf einer
Waage bestimmte.

Den Vater, der »sein Volk führt wie ein guter Hirt« und »der die Lämmer auf seinen Arm nimmt und an seiner Brust trägt.«

Die Geschichten in diesem Buch sind für Kinder – für Kinder von sechs bis sechzig, die sich wünschen, Gott zu sehen.

Es gibt Zeiten, in denen Mäuse brüllen. Es gibt Zeiten, in denen wir ein Paar starke Arme brauchen. Gottes Arme sind da – für jeden von uns.

Wir brauchen uns ihm nur zuzuwenden.

Am Anfang

... schuf Gott Himmel und Erde.
1. Mose 1,1

Der Vater träumte. Ich konnte es in seinen Augen sehen – da war wieder dieses Funkeln, dieser Glanz.

»Was siehst du, mein König?«

Er drehte sich nicht um, sondern hielt seinen Blick auf die große Leere gerichtet. Diesen massiven, grenzenlosen, unendlichen Raum. Je intensiver er schaute, desto mehr tanzten seine Augen. Ich wusste, er sah irgendetwas.

Ich schaute in dieselbe Richtung. Ich beugte mich nach vorn und starrte angestrengt. Alles, was ich sah, war Leere. Ich sah immer nur die Leere.

Ich hatte die Kugel nicht gesehen, die er aus dem Himmel gepflückt hatte. »Wo war die denn?«, fragte ich, als er begann, sie mit seinen Händen zu formen.

»Sie war dort«, erwiderte er, während er nach draußen blickte. Ich sah wieder nichts. Als ich mich umdrehte, lächelte er. Er wusste, dass die Vorstellungskraft eines Seraphen begrenzt war.

Dasselbe passierte beim Wasser. »Wo kommt das denn her?«, fragte ich und berührte die seltsame Substanz.

»Ich sah es, Michael.« Er lachte leise, während er mit seiner Hand einen Ozean füllte. »Und als ich es sah, erschuf ich es. Ich sah es bei den Sternen.«

»Bei den was?«

»Den Sternen.« Und er streckte seine Hand in die Leere aus. Als er sie zurückzog, hielt er sie fest geschlossen, als ob er mich dazu verlocken wollte, mich nach vorn zu beugen. Ich tat es. Und als ich mit meinem Gesicht ganz nahe war, öffnete er seine Hand. Ein Lichtstrahl entwich, und ich blickte gerade noch rechtzeitig genug hoch, um zu sehen, wie auch sein Gesicht davon erhellt wurde. Und wieder lächelte er.

»Sieh doch, wie sie funkeln!«, rief er begeistert. Und mit einer leichten Drehung seines Handgelenks warf er die Hand voll Diamanten in die schwarze Tiefe hinaus, wo sie ihren Bestimmungsort fanden, an dem sie haften blieben.

»Meinst du nicht, die Kinder werden sie lieben?«, sagte der Schöpfer, während wir zusammen das Glitzern und Blinken betrachteten.

Ich wusste nicht genau, wer diese »Kinder« waren, aber ich wusste, dass sie in dem Traum einen ganz besonderen Platz hatten. Seit der Traum begann, redete der Vater oft von diesen Kindern – was ihnen gefallen würde, wie sie reagieren würden.

Einmal rief er mich zu sich, als er die Kugel in der Hand hielt. »Komm her. Sieh dir an, was die Kinder zu sehen bekommen werden.« Dann legte er die Finger an die Lippen und blies leicht. Von seinen Fingerspitzen tanzte etwas wie ein Lufthauch aus weicher, duftiger Baumwolle herunter.

»Wofür sind die da?«, fragte ich, als die Reihe der kleinen Bäusche auf die Kugel zusegelte.

»Ach, Michael!« Er glühte vor Begeisterung. »Sie sind zu allem da. Sie geben Schatten. Sie geben Regen. Aber vor allem können meine Kinder sie beobachten, wenn sie am Himmel vorbeiziehen. Und wenn sie ganz genau hinschauen, können sie mich sehen.«

So dachte er über alles. Der ganze Traum war für die Kinder. Und überall in dem Traum war der Vater. Als er einen Wasserfall formte, sagte er: »Ich mache ihn so, dass sie hinein- und wieder herauslaufen können.« Beim Löwenzahn: »Er hat gerade die richtige Größe, damit die Kinder ihn wegpusten können.« Und bei einem Fluss in einem Felstal: »Sie können sich genau hierher setzen und zusehen, wie das Wasser durch das Tal strömt.«

»Aber wo sind denn die Kinder?«, fragte ich eines Tages und schaute in den leeren Raum, aus dem all die anderen Dinge aus dem Traum hergekommen waren.

»Oh nein, nicht dort draußen«, antwortete der Künstler. Es lag etwas Nachdrückliches in seiner Stimme, als er wiederholte: »Nicht da draußen.«

Das war alles, was er sagte. Und ich fragte auch nicht weiter.

Als dann die Tiere kamen, vergaß ich meine Frage fast. Wir lachten so viel, während er sie schuf. Jedes war etwas Besonderes. Winzige Flügelchen für die Mücke. Ein unvergleichliches Schnattern für die Gans. Der Panzer für die Schildkröte. Durchdringende Augen für die Eule.

Ich durfte sogar auch einige verzieren. Ich machte die Schmetterlingsflügel lila und meine Idee, den Elefanten die Nase lang zu ziehen, gefiel ihm gut.

Was für ein Spaß das war, als der Himmel Vögel und Fische, Kriechtiere und Nager hervorbrachte. Die kleinen Winzlinge waren kaum von seiner Hand heruntergekrabbelt, als auch schon die gewaltigen Geschöpfe erschienen. Er griff sich die Giraffe und streckte ihr den Hals. Und dem Wal machte er ein Loch in den Kopf (»Dann müssen sie zum Luftholen nach oben kommen, und die Kinder werden sie sehen«).

»Wie werden wir sie nennen?«, fragte ich.

»Das überlasse ich den Kindern.«

Die Kinder – das hatte ich fast vergessen. Aber er nicht. Als das letzte geflügelte Wesen seine Hand verlassen hatte, wandte er sich mir zu und sah mich an. Da wusste ich es.

»Ist es jetzt so weit?«

»Ja, jetzt ist es so weit.«

Ich erwartete, dass seine Augen wieder tanzten. Aber sie taten es nicht. Ich hatte auch ungestümen Eifer erwartet. Aber er fing nicht an. Er sah eine lange Zeit einfach in die Leere – länger als sonst.

»Siehst du die Kinder?«

»Nein. Sie sind dort draußen nicht zu finden.«

»Was siehst du denn dann?«

»Ich sehe, was sie tun werden.«

Er sprach leise. Die Freude war aus seiner Stimme verschwunden.

»Was ist es? Was siehst du?«

Vielleicht dachte er, dass ich es wissen sollte. Oder vielleicht war es für ihn wichtig, dass es noch jemand wusste. Ich weiß nicht, warum er tat, was er noch nie zuvor getan hatte. Er ließ mich alles sehen. Als wäre der Himmel ein Vorhang, zog er ihn zur Seite.

Bevor ich es sah, roch ich es schon. Der Gestank brannte in meinen Augen. »Es ist Gier, die du da riechst«, erklärte er. »Eine Liebe zu törichten, unnützen Dingen.«

Ich begann mich abzuwenden. Aber mein König tat es nicht, und so hielt ich inne. Ich sah noch einmal hin.

Es war so dunkel, dunkler als ein sternenloser Himmel, noch dunkler als die Leere. Diese Dunkelheit bewegte sich. Sie kroch voran. Sie warf Schatten und waberte hin und her. Sie war wie lebender Ruß. Er kannte meine Gedanken und fing an zu reden.

Seine Worte kamen langsam. »Sie werden es auslöschen.«

»Was denn?«

»Sie werden zerstören, was sie zu meinen Kindern macht.«

Da sah ich es zum ersten Mal. Er reichte in sich hinein, tief hinein und zog etwas heraus. Eine Flamme. Einen leuchtenden Kreis.

Strahlend hell glühte er in seiner Hand. Viel heller als die Sternenbilder, die er an den Himmel gesetzt, oder die Sonne, die er angezündet hatte.

»Das ist …«, setzte ich an.

»Das ist ein Teil von mir«, führte er meinen Satz auf eine Weise zu Ende, die ich mir nicht hatte vorstellen können.

»Und aus diesem Teil meiner selbst werde ich meine Kinder machen.«

Jetzt verstand ich es zum ersten Mal. Ich verstand,

warum ihm die Kinder so kostbar waren. Ich sah die Einzigartigkeit in ihnen. Sie trugen sein Licht: das Universum, das er erschuf, die Kinder, denen er ein Vater war.

»Aber die Dunkelheit?« Ich musste es einfach fragen. »Warum gibt es sie?«

»So wie ich wähle, müssen auch sie wählen. Sonst gehören sie nicht zu mir.«

Da hob er sein Gesicht, und seine Augen erhellten sich wieder. »Aber nicht alle werden mich vergessen. Sieh hin.«

Ich sah in das Morgen. Zuerst sah ich nichts. Nur die wogende, tiefe Finsternis. Doch als ich weitersuchte, sah ich es schließlich. Erst nur eins, dann eine kleine Gruppe, dann noch mehr … Lichter. Flackernde Kerzen, schwach und doch nicht in der Dunkelheit verloren. Wie die Sterne, die er an den dunklen Himmel geworfen hatte, flackerten diese Flammen auf einer tiefschwarzen See.

»Es sind meine Kinder.« In seiner Stimme klang Stolz mit. »Sie erinnern sich.«

Ich kann den Ausdruck auf seinem Gesicht nicht vergessen. Seine Augen hatten gefunkelt, als er die Planeten an das Firmament setzte; ein Lächeln tanzte über sein Gesicht, als er die Katze schnurren hörte. Ich hatte sein Gesicht schon voller Leben gesehen, aber noch nie so wie jetzt. In diesem Moment, als er seine Kinder in der Dunkelheit leuchten sah, als er die sah, die ihn suchten, da beging er ein Fest. Sein Gesicht brach förmlich in Freude aus. Er warf den Kopf zurück, und sein Lachen brachte die Sterne zum Erzittern.

»Meine Kinder, meine Kinder, meine Kinder.« Das waren seine einzigen Worte. Dann hielt er inne, wischte sich die Tränen vom Gesicht und gab vor den Ohren der ganzen himmlischen Welt ein Versprechen ab.

»Ihr habt mich nicht vergessen; ich werde euch nicht vergessen.«

Dann drehte er sich zu mir. »An die Arbeit, Michael. Wir haben noch viel zu tun. Wir müssen den Traum wahr werden lassen.«

Und ich hatte gedacht, das Erschaffen von Tieren sei ein großer Spaß gewesen. »Keines von ihnen wird dem anderen gleichen«, versprach er, während er Lichtkugeln aus sich selbst hervorzog. »Einige groß, andere klein. Einige ängstlich, andere mutig. Einige mit großen Ohren, andere mit kleinen.« Und einer nach dem anderen sprangen sie von seiner Handfläche. Das erwählte Geschlecht. Das Ziel festgelegt. Jeder mit eigenen Charakterzügen und eigenem Aussehen.

Aber jeder Einzelne mit einem Teil von ihm selbst – mit einem inneren Licht.

Er ließ mich sogar helfen. »Sieh mal, was ich gemacht habe, Vater«, sagte ich zu ihm. »Ich nenne es Sommersprossen. Ich zeige dir, wie sie funktionieren.«

Und er lächelte.

Der Fall

Von allen Bäumen im Garten darfst du essen, nur nicht von dem Baum, der dich Gut und Böse erkennen lässt. Sobald du davon isst, musst du sterben.

1. MOSE 2,16.17

In einem fernen Land, wie du es noch nicht gesehen hast, lebte vor langer Zeit ein weiser Mann mit Namen Shaddai. Shaddai war ein kräftiger Mann mit einem zärtlichen Herzen. Er hatte strahlend blaue Augen und einen langen, dicken Bart. Wenn er lachte, was er sehr oft tat, dann hoben sich seine Wangen so weit nach oben, dass seine Augen zu Halbmonden aus Freude wurden.

Wenn er sang, was er ebenfalls sehr oft tat, hörte alles zu. Die schlanken Zitterpappeln neigten sich ihm zu. Die Eichhörnchen, Schmetterlinge und Vögel hielten bei dem, was sie taten, inne. Sogar die Kinder drehten sich ihm zu, wenn sie seine Stimme hörten. Und das sollte auch so sein. Denn er sang für sie.

Und für sie hatte er ein wunderschönes Dorf gebaut. Es bot alles und noch mehr, wovon Kinder träumen. Die Kinder vergnügten sich in dem Teich, der von einer unterirdischen Quelle gespeist wurde. Sie kreischten laut, wenn sie mit den Schaukeln, die an den dicken Zweigen der Apfelbäume befestigt waren, hoch in den Himmel schwangen. Sie hüpften im hohen Gras der Wiesen und

Obstgärten herum. Die Sonne schien nie zu früh unterzugehen, und der Nachthimmel hatte immer etwas Beruhigendes. Und vor allem: Shaddai war in der Nähe. Immer.

Wenn Shaddai nicht mit den Kindern auf der Wiese oder im Obstgarten war, dann war er in der Werkstatt – mit den Kindern. Sie liebten den Duft von Sägemehl und seinen Gesang und sahen ihm zu, wie er aus einem Baumstamm einen Stuhl schnitzte oder einen Tisch machte. Sie versammelten sich um ihn und maßen ihre kleinen Hände gegen seine großen.

Jeden Abend versammelte er die Kinder auf der Wiese und erzählte ihnen Geschichten. Wie verzaubert hörten die Kinder Shaddai zu, solange er erzählte oder ihre müden Augen es zuließen.

Die Kinder liebten Shaddai. Und Shaddai liebte die Kinder. Wenn sie seinen Namen riefen, ließ er sofort alles fallen, woran er arbeitete und drehte sich um. Sein Herz war durch hundert Schnüre gefesselt – jede wurde von einem anderen Kind gehalten.

Und darum baute er die Mauer.

Die Mauer war aus Stein und umgab das ganze Dorf. Mit großer Sorgfalt hatte Shaddai die Felsblöcke übereinandergeschichtet. Das Fundament der Mauer war breiter als zwei seiner Schritte. Die Mauer ragte hoch über Shaddai hinaus, selbst wenn er seine Arme hoch nach oben streckte. Er verbrachte Tage um Tage damit, die Mauer zu bauen. Und während er baute, sang er nicht.

Eine todbringende Wildnis lag außerhalb des Dorfes.

Während er die Mauer baute, hielt Shaddai oft inne und blickte in die tiefen Schatten, die sie warf. Grausame Dornen, wilde Tiere und verborgene Abgründe lauerten im dunklen Wald. Es war kein Ort für Kinder mit empfindlicher Haut. Der sichere Tod wartete auf jeden, der den Wald betrat.

»Hinter der Mauer gibt es kein Leben«, sagte er den Kindern mit ernster Stimme. »Ihr seid für das Dorf gemacht, nicht für das schreckliche Land außerhalb davon. Bleibt bei mir. Hier ist es sicher.«

Aber in seinem Herzen wusste er, dass es nur eine Frage der Zeit sein würde.

An dem Tag, an dem er den letzten Stein in die Mauer setzte, ging er in seine Werkstatt und schnitzte aus einem Pappelzweig einen Stock und stellte ihn in eine Ecke. So war er auf alles vorbereitet.

Eines Tages rannte ein Junge in Shaddais Werkstatt. Das strohblonde Kind mit den wissbegierigen Augen und der unerschöpflichen Energie bereitete dem Schöpfer zugleich Freude und Sorge.

»Shaddai!«

In einer einzigen Bewegung ließ der Baumeister seinen Hammer fallen und drehte sich um. »Was ist denn los, Paladin?«

Der Junge sprach in abgehackten Worten, während er nach Luft schnappte. »Die Mauer ... Ich habe ... eine Öffnung gefunden. Es ist ein großes Loch.« Der Junge streckte seine Hände aus, um ihm die Größe zu zeigen. »So groß, dass jemand hindurchkriechen könnte.«

Shaddai zog einen Schemel herbei und setzte sich. »Ich

wusste, dass du es sein würdest, Paladin, mein Junge. Erzähl mir doch mal, wie du das Loch gefunden hast.«

»Ich bin an der Mauer entlanggegangen und habe mich umgeschaut ...«

»Nach Löchern?«

Paladin hielt überrascht inne. Er hatte nicht damit gerechnet, dass Shaddai es wusste. »Ja, ich habe nach Löchern gesucht.«

»Damit du in den Wald schauen konntest?«

»Ich war neugierig, Shaddai. Ich wollte wissen, was denn da draußen so Schlimmes ist, dass du uns nicht hingehen lässt.«

Shaddai winkte den Jungen näher. Als er dicht vor ihm stand, umschloss er mit seinen Händen das kleine Gesicht, sodass der Junge ihm in die Augen schauen musste. Der Ernst, der in diesem Blick lag, rief in Paladins Magen ein flaues Gefühl hervor.

»Hör mir zu, Paladin. Die Gegend außerhalb des Dorfes ist nichts für dich. Sie ist auch nichts für mich. Eine Reise in die Wildnis wird dir den Tod bringen. Du wurdest nicht für dieses Land geschaffen. Lass dich von deinen Füßen an die vielen Orte tragen, an die du gehen kannst – nicht zu denen, die gefährlich sind. Wenn du hier weggehst, findest du nicht den Weg zurück.«

Paladin fragte leise: »Wirst du das Loch jetzt schließen?«

»Nein, Paladin. Ich habe es gemacht.«

»Du hast die Mauer kaputt gemacht? Aber du hast doch gerade gesagt, dass du nicht willst, dass wir weggehen.«

»Ich will auch nicht, dass ihr hier weggeht. Aber ich habe die Öffnung in der Mauer gelassen, als ich sie gebaut habe.«

»Aber wenn du es nicht reparierst …«

»… können die Kinder gehen. Ich weiß, Paladin. Aber solange die Kinder hier bleiben *müssen*, sind sie nicht wirklich hier.«

Paladin verstand nicht, was Shaddai damit meinte, aber er mochte nicht noch mehr Fragen stellen. Mit einem unbehaglichen Gefühl drehte er sich um und ging. Als er wieder im Licht der Sonne stand, schaute er zurück in die Werkstatt. Da saß Shaddai noch immer vornübergebeugt und blickte Paladin an.

Paladin war verwirrt. Ein Teil von ihm wollte in der Sicherheit von Shaddais Werkstatt bleiben, aber der andere zog ihn zurück zur Mauer. Er sah wieder in die Werkstatt. Shaddai war nun aufgestanden. Er war nur aufgestanden, weiter bewegte er sich nicht. Seine große Hand streckte sich nach dem Jungen aus.

Paladin drehte sich schnell weg, als wolle er die Hand nicht sehen. Er ging so schnell er konnte, erst ohne eine bestimmte Richtung, aber dann wieder zurück zur Mauer.

»Ich werde nicht zu nah herangehen«, sagte er zu sich selbst. »Ich werde nur ganz kurz gucken, was auf der anderen Seite ist.«

Fragen stiegen in ihm hoch, so schnell wie seine Schritte. Was ist das nur für eine Kraft, die mich so zieht? Was für eine Neugier? Warum verbietet mir Shaddai etwas, was ich so stark fühle? Ist denn der Wunsch, auf die andere Seite der Mauer zu schauen, so falsch?

Jetzt hatte er das Loch wieder erreicht. Ohne weiter darüber nachzudenken, schob er sich auf dem Bauch durch das Loch, bis er seinen Kopf auf der anderen Seite herausstrecken konnte.

»Warum soll denn eine Reise dorthin tödlich sein?«, fragte Paladin sich, als er in den verbotenen Wald spähte. »Wovor will Shaddai mich denn schützen ... oder abhalten?«

Als ob sich seine Knie von selbst bewegten, kroch Paladin weiter. Bald war er ganz auf der anderen Seite angekommen und stand langsam auf. Für einige Augenblicke bewegte er sich nicht. Er fragte sich, ob wohl etwas zwischen den Bäumen hervorkommen würde, um ihm wehzutun. Aber nichts passierte. Er entspannte seine Schultern und seufzte. »Es ist doch gar nicht so schlimm«, sagte er laut, um die Stille zu durchbrechen. »Es ist sogar schön hier. Warum macht sich Shaddai denn solche Sorgen?«

Paladin betrat den Wald. Zweige zerbrachen unter seinen nackten Füßen. Der süße Duft von Blumen erfüllte die Luft. Die Bäume waren so dick, dass man kaum den Himmel sehen konnte. »Ich gehe nur noch ein paar Schritte weiter«, sagte er laut, obwohl ihn niemand hören konnte. »Nur um zu sehen, wie es hier ist.«

Nachdem er ein Dutzend Schritte getan hatte, blieb er stehen. Ihm gefiel die Wildnis. »Es gibt nichts, wovor man sich fürchten müsste.« Zum ersten Mal in seinem jungen Leben glaubte er, dass Shaddai sich geirrt hatte. »Das muss ich sofort den anderen erzählen.« Und er drehte sich um, um zum Loch in der Mauer zurückzugehen.

Aber das Loch war verschwunden!

Er hielt an und starrte auf die Mauer. Er sah nur eine massive Wand. Paladin rannte zurück zu der Stelle, an der er durch die Mauer gekrochen war. Er wusste, dies war die Stelle. Aber da war kein Loch und auch kein Zeichen, dass es jemals eins gegeben hätte. Er rannte erst ein Dutzend Schritte in die eine Richtung, dann in die andere. Nichts.

Plötzlich hörte er ein merkwürdiges Geräusch aus dem Wald. Er drehte sich schnell herum, aber er konnte nichts erkennen. Paladin blickte zurück in den Wald. Jetzt sah er nicht mehr so freundlich aus. Er war dunkel und bedrohlich, als ob er ihn verschlingen wollte.

Verzweifelt suchte Paladin weiter an der Mauer. Sie war zu hoch, um darüberzuklettern, und zu dick, um sie zu durchbrechen. Es gab keinen Weg zurück nach Hause.

»Wenn du hier weggehst, findest du nicht den Weg zurück.« Shaddais Worte klangen ihm wieder im Ohr. Die Augen des Jungen weiteten sich vor Angst. Er setzte sich auf den Boden, zog die Knie fest an die Brust und begann zu weinen.

»Shaddai, Shaddai! Es tut mir so leid. Komm doch! Hilf mir!«

Paladins Bitte war schon erhört, bevor er sie aussprach. Denn als er die Werkstatt verlassen hatte, hatte der Meister ihm nachgeschaut, solange er ihn sah. Als er den Jungen nicht mehr sehen konnte, drehte sich Shaddai um. Aber nicht um wieder an die Arbeit zu gehen, sondern um seine Schürze abzulegen. Er hängte seine

Werkzeuge an die Wand. Dann holte er den Stock aus der Ecke, den er geschnitzt hatte, nachdem er die Mauer fertiggebaut hatte.

Noch bevor Paladin die Mauer erreicht hatte, verließ Shaddai die Werkstatt. Und noch bevor Paladin um Hilfe rief, war Shaddai schon auf dem Weg, um ihm zu helfen. Schon bevor sich das Loch in der Mauer geschlossen hatte, öffnete Shaddai ein neues. Mit seinen starken Händen räumte er die Felsen beiseite, bis er in den Wald sehen konnte. Mit dem Stock an seiner Seite kroch Shaddai durch das Loch. Er verließ das Dorf, das er gebaut hatte, und betrat das Land, für das er nicht gemacht war, um nach seinem Kind zu suchen.

Auferstehungsmorgen

Er ist nicht mehr hier; er ist auferstanden,
wie er es vorhergesagt hat.
MATTHÄUS 28,6

Erzähl es noch einmal, sagt ihr? Erzähl es noch einmal? Ich habe euch alles gesagt, was ich weiß. Ich habe euch sogar erzählt, was ich nicht weiß.«

»Aber einige sind gerade erst gekommen. Sie haben nicht gehört, was du gesehen hast. Erzähl es uns noch einmal.«

Die schwere Tür öffnete und schloss sich schnell wieder, zwei Männer hatten den kleinen Raum betreten. Claudius vermutete, dass es ein Lagerraum war, aber sicher war er sich nicht. Es war zu dunkel. Die einzige Lichtquelle bestand in ein bisschen Nachmittagssonne, die durch einen Spalt im hölzernen Fensterladen fiel und die Gesichter der Zuhörer erhellte.

Die Gruppe bestand aus fünfzehn, vielleicht zwanzig Personen. Es waren etwa ebenso viele Männer wie Frauen. Einige Männer waren glatt rasiert, aber die meisten trugen einen Bart. Einige stellten Fragen, andere schüttelten den Kopf. Alle saßen da und hatten ihren Blick fest auf den jungen Soldaten gerichtet, dessen Geschichte sie hören wollten, obwohl sie sich nicht sicher waren, ob sie sie auch glauben sollten.

Claudius holte tief Luft und begann seine Geschichte noch einmal. »Ich sollte in dieser Nacht eigentlich gar nicht arbeiten. Ich hatte am Sabbat Dienst und war müde. Genau genommen war ich seit Freitagmorgen im Dienst gewesen.«

»Ich erinnere mich an dein Gesicht.« Die Stimme gehörte einer Frau, die auf dem Boden saß. »Du warst auf dem Hügel.«

»Ich wurde vor einem Monat zu diesem Dienst auf Golgatha eingeteilt.« Die Gruppe murrte. Claudius verteidigte sich. »Ich habe nicht darum gebeten. Es wurde mir zugewiesen.«

Gefühle hingen wie dicke Luft im Raum, aber dann drängte einer: »Los, erzähl weiter!«

Claudius trat von einem Fuß auf den anderen. Er hätte nie gedacht, dass er einmal in einem Raum voller Juden stehen würde. Der Unterschied zwischen seinen kurz geschnittenen Haaren und der strengen Uniform und ihren Bärten und wallenden Gewändern trug noch weiter zu seinem Unbehagen bei. Er blickte auf seinen am Boden liegenden Speer. Sein römischer Schild lehnte an der Lehmwand. Es war eine riskante Entscheidung gewesen, hierherzukommen.

Er fühlte sich unbehaglich, seit er vor einigen Monaten in Jerusalem angekommen war. Er hätte sich diesen Ort mit Sicherheit nicht für seinen Dienst ausgesucht, aber wenn Rom sendet, gehorcht ein Soldat. Außerdem hatte er sich eingeredet, ein Jahr in einem ruhigen Außenposten könne gar nicht so schlecht sein.

Falsch gedacht. Jerusalem war alles andere als friedlich. Die Juden hassten die Soldaten. Die Soldaten misstrauten den Juden. Wenn es nicht die Beschwerden der Priester waren, dann waren es die Aufstände der Zeloten. An ruhige Streifgänge auf den Straßen, um den Frieden aufrechtzuerhalten, war nicht zu denken. Jerusalem war eine Brutstätte des Zorns. Zorn auf Rom. Zorn auf die ganze Welt.

Sie nannten sich selbst das Volk Gottes. Das war vielleicht ein Volk Gottes! Keine Marine. Nur eine kleine Armee. Kein Kaiser. Nur ein Tempel, eine Thora und merkwürdige Regeln rund um den Sabbat. Claudius war beigebracht worden, Größe und Stärke zu respektieren. Beides hatte er hier nicht vorgefunden.

Bis letzte Nacht. Was er da beobachtet hatte, hatte er weder in Rom noch sonst wo auf der Welt gesehen. Als er den Offizieren davon erzählte, befahlen sie ihm, darüber zu schweigen. Aber das konnte er nicht. Er brauchte Antworten. Also war er hierhergekommen. Diese Menschen wollten ebenfalls Antworten. Daher ließen sie ihn ein.

Sie waren leicht zu finden. Jeder Soldat in der Stadt wusste, wo sie sich versteckten: im oberen Gemach des großen weißen Eckhauses. Es war der Ort, an dem sie sich letzte Woche getroffen hatten, als er noch da war.

Einer nach dem anderen waren sie zu diesem Raum zurückgekehrt. Jeder trat mit einem Klopfen an der Tür und einem verschämten Nicken ein. Als Claudius erfuhr, wie sie weggerannt waren und ihn im Stich gelassen hatten, staunte er darüber, dass sie zurückgekehrt waren. »Warum seid ihr noch hier?«, hatte er gefragt. »Warum geht ihr nicht nach Hause?«

»Wenn du gesehen hättest, was wir ihn haben tun sehen, dann würdest du auch bleiben«, erklärte einer seiner Schüler.

»Sieht doch ganz so aus, als hätte er es gesehen«, sagte ein anderer.

Denn jetzt wussten sie alle, was am Grab geschehen war. Oder genauer gesagt, sie wussten, dass irgendetwas am Grab geschehen war. Aber keiner konnte es genau erklären. Claudius setzte seine Geschichte da fort, wo er sie unterbrochen hatte.

»Ich sah ihn zum ersten Mal, als er den Hügel hinaufgeführt wurde. Mir fiel sofort auf, dass er anders war. Er verlangte nicht, dass wir ihn freiließen. Er schrie nicht und wehrte sich auch nicht. Und als wir den Nagel in seine Hand schlugen ...«, Claudius hielt inne und fragte sich, ob er das besser nicht hätte sagen sollen. Ein ermutigendes Nicken der Frauen ließ ihn fortfahren. »... als wir den Nagel auf seine Hand setzten, hielt er sie still. Er wehrte sich nicht.«

»Klingt genau nach ihm«, stellte ein Mann fest, der hinten im Raum saß. Einige andere nickten zustimmend.

»Er schien niemals wütend zu sein.« Claudius' Stimme wurde leiser, als er weitersprach. »Er beschuldigte niemanden. Die Leute verfluchten und beschimpften ihn, aber seine Augen verloren nicht ein einziges Mal diesen ruhigen Ausdruck.«

Keiner bewegte sich, während Claudius sprach. Als er diese Ereignisse am Morgen seinen Vorgesetzten erzählt hatte, spotteten sie nur. Den Römern war es egal, wie Jesus sich verhalten hatte. Aber diesen Menschen war es wichtig. Sie wollten jede Einzelheit wissen. Zum ersten Mal fühlte Claudius eine Verbundenheit mit seinen Zuhörern. Eine Verbundenheit, die auf der Faszination für einen bestimmten Menschen beruhte.

Er fuhr fort: »›Vergib ihnen‹, hörte ich ihn sagen. Ich blickte zu ihm hoch. Er sah mich an. Sein Gesicht starrte vor verkrustetem Blut. Und da betete er für mich!«

Das Nicken der anderen war die einzige Bewegung im Raum.

»Nachdem der Tod eingetreten war, half ich dabei, ihn vom Kreuz herunterzunehmen. Ich wartete, während diese Frauen ...«, er zeigte auf einige Frauen, die ganz vorn saßen. »Ich wartete, während sie den Körper einölten und in Tücher hüllten, und ich sah, wie er ins Grab gelegt wurde. Ich dachte, dass der Tag nun endlich vorbei sei. Wir brauchten vier Männer, um den großen Stein vor die Graböffnung zu rollen. Als wir gehen wollten, kam eine Nachricht von Pilatus und den Tempelführern. Sie hatten Angst, dass jemand den Leichnam stehlen würde. Wir sollten das Grab versiegeln und die ganze Nacht Wache halten.

Wir waren mehrere, daher zündeten wir ein Feuer an und wechselten uns ab. Ich durfte als Erster schlafen. Als sie mich für meine Wache aufweckten, war es etwa eine Stunde vor Sonnenaufgang. Die Nacht war schwarz, schwärzer als irgendeine andere Nacht, die ich bisher erlebt hatte. Der Mond war fast verschwunden und die Sterne waren hinter Wolken verborgen.

Ich stand auf einer Seite und ein anderer Soldat auf der anderen. Er lachte darüber, wie einfach es sei, ein Grab zu bewachen. Es passiert nicht oft, dass Soldaten auf einem Friedhof Wache schieben. Vielleicht nickten wir ein, denn zuerst glaubte ich zu träumen. Die Erde begann zu beben, ganz gewaltig. Es war so heftig, dass ich stürzte. Felsbrocken brachen aus der Wand hinter uns und stürzten zu Boden. Funken schlugen aus dem Feuer. Die Soldaten, die auf dem Boden schliefen, sprangen auf. Ich weiß, dass sie standen. Denn als das Licht kam, konnte ich ihre Gesichter so deutlich sehen, als sei es helllichter Tag.«

»Was für ein Licht?«, fragte jemand.

»Das sollt ihr mir sagen!«, verlangte Claudius. »Wo kam das Licht her? Der Felsen rollte zur Seite, und das Licht brach aus dem Grab hervor. Wie ein Feuerstoß ohne Hitze. Ein Windstoß wehte aus dem Grab und löschte unser Feuer aus, warf uns zurück und das Nächste, was ich weiß, ist: Das Grab war leer. Ich sah die anderen Soldaten an. Sie waren wie betäubt. Etwa zu dieser Zeit kamen diese zwei Frauen.«

»Das war, als wir den Engel gesehen haben«, platzte Maria heraus. »Er saß auf dem Felsen. Er sagte uns, dass Jesus nicht hier sei. Er sagte uns, dass …«

Sie zögerte, weil sie wusste, dass ihre Worte schwer zu glauben waren.

»Er sagte uns, dass Jesus nicht länger tot ist.«

Ihre Worte hallten durch den Raum wie ein Glockenschlag. Niemand wagte zu sprechen. Doch einer tat es schließlich. Ein junger Mann sagte leise, aber bestimmt: »Genau wie er es gesagt hat.«

»Soll das heißen, dass er vorhergesagt hat, dass er dies tun würde?«, fragte Claudius.

»Mehr als einmal. Aber wir haben es nicht verstanden. Wir haben es nicht geglaubt. Bis heute.«

»Johannes«, sagte eine Frau zu dem Sprecher, »du warst da. Du bist in das Grab gegangen. Hast du dasselbe gesehen?«

»Petrus und ich sahen das Grab. Es war offen und leer. Aber Jesus haben wir nicht gesehen.«

Wieder war es im Raum ganz still. Dann brach Claudius das Schweigen. »Ich habe eine Frage. Ich habe euch berichtet, was ihr wissen wolltet. Jetzt erzählt ihr mir, was ich wissen will. Das hat mich das ganze Wochenende beschäftigt. Es liegt mir auf dem Herzen, seit ich den Nagel in die Hand von Jesus geschlagen habe. Wer ist dieser Mann? Wer ist dieser Jesus?«

Wenn es bis zu diesem Moment noch gesenkte Köpfe gegeben hatte, jetzt richteten sie sich auf. Wenn es noch herumwandernde Gedanken gegeben hatte, nun wanderten sie nicht mehr.

»Gibt es noch irgendeinen Zweifel?«, fragte Maria. Ihre Augen strahlten. Sie sprang auf, während sie sprach. »Ich habe ihn gesehen! Ich sah ihn als den Auferstandenen! Er ist wirklich der, der er zu sein behauptete. Er ist der Sohn Gottes!«

Mit diesem Ausruf brach im ganzen Raum das Chaos aus.

»Unmöglich!«

»Nein, sie hat recht. Lasst sie sprechen!«

»Warum hat er sich töten lassen, wenn er doch der Sohn Gottes ist?«

»Es ergibt keinen Sinn.«

»Weil es keinen Sinn macht, kannst du es nicht glauben!«

Claudius schwieg. Was er hier hörte, war einfach zu viel für ihn. Aber was er am Grab gesehen hatte, konnte er nicht leugnen. Er lehnte sich nach vorn, stützte die Ellenbogen auf die Knie und vergrub sein Gesicht in den Händen. Seine Gedanken überschlugen sich. Er konzentrierte sich so sehr darauf, dass ihm die plötzliche Stille nicht sofort auffiel. Erst nach einigen Sekunden hob er den Kopf. Ein Licht erfüllte den Raum. Er sah zur Tür und zum Fenster, beide waren fest verschlossen.

Gesichter, die düster gewesen waren, strahlten nun. Alle Augen blickten in seine Richtung – nicht auf ihn, sondern hinter ihn. Bevor er sich umdrehen konnte, um herauszufinden, was die anderen sahen, legte sich eine Hand auf seine Schulter. Als Claudius den Kopf wandte, um die Hand anzusehen, fand er die Antwort, die sein Herz suchte.

Die Hand war durchbohrt.

Die Kinder des großen Königs

Glücklich sind, die ein reines Herz haben,
denn sie werden Gott sehen.
MATTHÄUS 5,8

Vor langer Zeit gab es in einem Land, das unserem ganz ähnlich ist, ein Dorf. In diesem Dorf lebten fünf Waisenkinder. Einsame, vaterlose Kinder, die sich zum Schutz vor der Kälte zusammengetan hatten. Eines Tages hörte der König von ihrem Unglück und beschloss, die Kinder zu adoptieren. Er bestimmte, dass er ihr Vater sein würde, und plante, sie zu sich zu holen.

Alle Menschen in diesem Land fanden es seltsam, dass der König diese Kinder adoptieren wollte. Er musste sich doch schon um so viele Menschen kümmern.

»Warum will der König die Kinder nur?«, fragten sich die Menschen. Aber der König hatte seine Gründe.

Als die Kinder erfuhren, dass sie einen neuen Vater hatten und dass dieser Vater kein geringerer als *der König* war und er sie besuchen kommen wollte, waren sie sehr aufgeregt. Als die Menschen im Dorf erfuhren, dass die Kinder einen neuen Vater hatten und dass ihr Vater *der König* war und in das Dorf kommen wollte, waren auch sie ganz schrecklich aufgeregt. Sie gingen zu den Kindern und sagten ihnen, was sie tun sollten.

»Ihr müsst den König beeindrucken«, erklärten sie. »Nur die, die wirklich begabt sind, werden im Schloss leben dürfen.«

Die Menschen kannten den König nicht. Sie nahmen einfach an, dass alle Könige sich gern beeindrucken ließen. Also arbeiteten die Kinder lange und hart an den Dingen, mit denen sie den König beeindrucken wollten. Ein Junge, der gut schnitzen konnte, beschloss, dem König ein wunderbares Kunstwerk aus Holz zu schenken. Er setzte sein Messer an die weiche Oberfläche von Ulmenholz und begann zu schnitzen. Bald kam mit den Augen eines Spatzen oder der Nase eines Einhorns Leben in die kleinen Holzblöcke.

Seine Schwester beschloss, dem König ein Bild zu malen, das die Schönheit des Himmels einfing; ein Bild, das es wert wäre, in seinem Schloss zu hängen.

Die andere Schwester wählte die Musik, um dem König zu imponieren. Stundenlang übte sie ihre Lieder mit Gesang und Mandoline. Die Dorfbewohner blieben an ihrem Fenster stehen und lauschten der Musik, die sich in den Himmel erhob.

Ein anderer wollte mit seiner Weisheit Eindruck beim König machen. Bis tief in die Nacht brannte seine Kerze über den offenen Büchern. Geografie. Mathematik. Chemie. An die Breite seines Studiums konnte nur die Tiefe seines Wunsches heranreichen. Sicher würde ein so weiser Mann wie der König seine harte Arbeit zu würdigen wissen.

Aber ein kleines Mädchen hatte nichts zu bieten. Ihre Hand war zu schwerfällig für das Messer und zu steif für den Pinsel. Sie öffnete ihren Mund, um zu singen, aber die Töne klangen heiser. Sie war zu dumm zum Lesen. Sie hatte kein Talent. Sie hatte kein Geschenk.

Alles, was sie zu geben hatte, war ihr Herz, denn ihr Herz war gut. Sie verbrachte ihre Zeit am Stadttor und beobachtete die Leute, die kamen und gingen. Sie verdiente ein bisschen Geld mit dem Striegeln und Füttern von Pferden. Sie war ein Stallmädchen, ein Stallmädchen ohne Stall. Aber sie hatte ein gutes Herz.

Sie kannte die Bettler mit Namen. Sie streichelte jeden Hund. Sie hieß die zurückkehrenden Reisenden willkommen und begrüßte die Fremden.

»Wie war die Reise?«, fragte sie.

»Erzähl mir, was du bei deinem Besuch gelernt hast.«

»Wie geht es deinem Mann?«

»Gefällt dir deine neue Arbeit?«

Sie steckte voller Fragen, weil ihr Herz groß und ihr die Menschen wichtig waren. Aber da sie kein besonderes Talent und kein Geschenk hatte, machte sie sich Sorgen, dass der König darüber böse sein könnte. Die Dorfbewohner sagten ihr, dass der König ein Geschenk erwartete und dass sie sich Gedanken darüber machen sollte, wie sie zu einem Geschenk für ihn käme. Da nahm sie ein kleines Messer und ging zu ihrem Bruder, dem Holzschnitzer.

»Kannst du mir beibringen, wie man schnitzt?«, fragte sie.

»Tut mir leid«, sagte der junge Handwerker ohne hochzusehen. »Ich habe noch viel zu tun. Ich habe keine Zeit für dich. Der König kommt doch.«

Das Mädchen legte das Messer weg und nahm einen Pinsel. Sie ging zu ihrer Schwester, der Malerin. Sie fand sie auf einem Hügel, wo sie den Sonnenuntergang malte.

»Du kannst so gut malen«, sagte das Mädchen, das nur sein großes Herz als Geschenk hatte.

»Ich weiß«, antwortete die Malerin.

»Könntest du es mir beibringen?«

»Nicht jetzt«, erwiderte die Schwester, die nur Augen für ihre Farben hatte. »Der König kommt doch.«

Da dachte das Mädchen ohne Geschenk an seine andere Schwester, die Musikerin. »Sie wird mir helfen«, sagte sie zu sich. Aber als sie am Haus ihrer Schwester ankam, standen viele Menschen davor, um ihrer Schwester beim Singen zuzuhören.

»Schwester«, rief sie, »Schwester, ich bin zu dir gekommen, um dir zuzuhören und von dir zu lernen.« Aber ihre Schwester konnte sie nicht hören. Der Applaus der Menschen war zu laut.

Mit schwerem Herzen drehte sich das Mädchen um und ging weg. Da dachte sie an den anderen Bruder. Sie nahm ein Buch mit kurzen Worten und großen Buchstaben und ging zu ihm. »Ich habe nichts, was ich dem König geben kann«, sagte sie. »Kannst du mir das Lesen beibringen, damit ich ihm zeigen kann, wie klug ich bin?«

Der junge zukünftige Weise antwortete nicht. Er war völlig in seinen Gedanken versunken. Das Kind ohne Geschenk sprach noch einmal. »Kannst du mir helfen? Ich habe kein Talent ...«

»Verschwinde«, sagte der Gelehrte und hob kaum die

Augen von seinem Text. »Siehst du nicht, dass ich mich auf das Kommen des Königs vorbereite?«

Da ging das Mädchen traurig weg. Sie hatte nichts zu geben. Sie kehrte an das Stadttor zurück und kümmerte sich wieder um die Tiere der Reisenden.

Nach einigen Tagen kam ein Mann in die kleine Stadt, der wie ein Händler gekleidet war.

»Kannst du meinen Esel füttern?«, fragte er das Mädchen. Das Waisenmädchen sprang hoch und schaute in das braun gebrannte Gesicht eines Mannes, der weit gereist war. Seine Haut war so von der Sonne verbrannt, dass sie wie Leder aussah, und seine Augen waren dunkel. Ein freundliches Lächeln auf dem bärtigen Gesicht wärmte das Mädchen.

»Das kann ich tun«, antwortete das Mädchen und führte das Tier eifrig zum Wassertrog. »Vertrau ihn mir nur an. Wenn du wieder zurückkehrst, wird er gestriegelt und gefüttert sein. Sag mir«, fragte das Mädchen, während der Esel trank, »wirst du lange hier bleiben?«

»Nur für kurze Zeit.«

»Bist du müde von deiner Reise?«

»Ja, das bin ich.«

»Möchtest du dich hinsetzen und ausruhen?«

Das Mädchen wies auf eine Bank, die nahe der Stadtmauer stand. Der große Mann mit der dunklen Haut setzte sich auf die Bank, lehnte sich an die Wand, schloss die Augen und schlief ein. Nach einigen Minuten öffnete er die Augen und sah das Mädchen zu seinen Füßen sitzen. Sie blickte ihn an. Sie schämte sich, weil er sie dabei erwischt hatte, wie sie ihn anstarrte. Sie drehte sich weg.

»Sitzt du schon lange hier?«

»Ja.«

»Was willst du?«

»Nichts. Du scheinst ein netter Mensch zu sein und dein Herz scheint von Frieden erfüllt. Es tut gut, in deiner Nähe zu sein.«

Der Mann lächelte und strich sich den Bart. »Du bist ein weises Mädchen«, sagte er. »Wenn ich wiederkomme, sprechen wir weiter.«

Der Mann kehrte schon sehr bald wieder zurück.

»Hast du die gefunden, die du gesucht hast?«, fragte das Mädchen.

»Ich habe sie gefunden, aber sie hatten keine Zeit für mich.«

»Was meinst du damit?«

»Die, die ich sehen wollte, waren zu beschäftigt, um mich zu sehen. Der eine war ein Holzschnitzer, der unbedingt eine Arbeit fertigstellen musste. Er sagte, dass ich morgen wiederkommen sollte. Eine andere ist Malerin. Ich sah sie auf einem Hügel sitzen, aber die Menschen, die unten standen, sagten, dass sie nicht gestört werden wolle. Die Dritte war Musikerin. Ich saß bei den anderen und lauschte ihrer Musik. Als ich darum bat, mit ihr zu sprechen, sagte sie, dass sie keine Zeit hätte. Der Nächste den ich suchte, ist weg. Er ist in die Stadt gezogen, um zur Schule zu gehen.«

Die Augen des Mädchens weiteten sich.

»Du siehst gar nicht wie ein König aus«, sagte sie atemlos.

»Ich versuche es wenigstens«, erklärte er. »König zu

sein kann eine sehr einsame Sache sein. Die Menschen um mich herum benehmen sich merkwürdig. Sie bitten um Gefälligkeiten. Sie wollen mich beeindrucken. Sie tragen mir alle ihre Klagen vor.«

»Aber ist ein König nicht dafür da?«, fragte das Mädchen.

»Sicher«, erwiderte der König, »aber manchmal will ich einfach mit meinem Volk zusammen sein. Da will ich mit den Menschen reden, über ihren Tag, ein bisschen mit ihnen lachen und weinen. Manchmal will ich einfach nur ihr Vater sein.«

»Hast du darum die Kinder adoptiert?«

»Genau darum. Kinder reden gern. Die Erwachsenen meinen, sie müssten mich beeindrucken. Kinder tun das nicht. Sie wollen einfach nur mit mir reden.«

»Aber meine Brüder und Schwestern waren zu beschäftigt.«

»Das waren sie. Aber ich komme wieder. Vielleicht haben sie an einem anderen Tag mehr Zeit für mich. Möchtest du auf meinem Esel zum Schloss reiten?«

Und so kam es, dass die Kinder mit den vielen Talenten aber ohne Zeit den Besuch des Königs versäumten, während das Mädchen, dessen einziges Geschenk seine Zeit war, sein Kind wurde.

Der Verlorene

Der Vater erkannte ihn schon von Weitem.
Voller Mitleid lief er ihm entgegen,
fiel ihm um den Hals und küsste ihn.
LUKAS 15,20

Warum nur mussten sie sich immer streiten? William hatte das Gefühl, dass er seinen Sohn überhaupt nicht mehr kannte. Josua verlangte das Geld, das seine Mutter ihm hinterlassen hatte. Er sollte damit sein Studium finanzieren. Und es stand Josua erst nach seinem achtzehnten Geburtstag zu. Jetzt war er achtzehn und wollte das Geld – aber nicht, um zu studieren.

»Es gehört mir, oder etwa nicht?«, hatte er geschrien.

»Natürlich gehört es dir«, hatte sein Vater geantwortet. »Aber es ist für das Studium gedacht, nicht um sich damit eine schöne Zeit zu machen.«

»Ich will es nicht verschwenden, Dad. Ich will einfach nur weg.«

»Warum? Wohin?«

»Ich weiß es nicht. Ich will nur hier raus.«

So hatten sie sich wochenlang gestritten. Erst an diesem Morgen hatte William eine Entscheidung getroffen. Lange vor Sonnenaufgang ging er in Josuas Zimmer und setzte sich neben das Bett. Er wusste nicht, wann Josua nach Hause gekommen war, aber der Biergeruch ließ ihn vermuten, dass es sehr spät gewesen war. Josua hatte sich noch nicht einmal ausgezogen. Er schlief in seinen Jeans.

Der Vater starrte lange auf das Gesicht seines Sohnes. Wenn er früher von einer Geschäftsreise zurückkam, hatte er sich an das Bett des schlafenden Jungen gesetzt. Er hatte Josua das Haar aus der Stirn gestrichen und die zarten Wangen gestreichelt. Alles schien so einfach. Die größte Herausforderung hatte darin bestanden, bei Josuas Fahrrad Luft aufzupumpen oder einen Ball abzufangen, der ins Aus zu gehen drohte. Jetzt trug der Junge einen Ohrring und hatte einen seltsamen Haarschnitt und ein Tattoo. Es war, als ob sein Sohn in einer anderen Welt lebte. Einer Welt, die der Vater nicht verstand, sondern fürchtete.

»Wir haben etwas verloren, Josua«, sagte er zu seinem schlafenden Sohn. »Vielleicht besaßen wir es auch nie. Vielleicht haben wir es mit deiner Mutter begraben.« William legte seine Hand auf die Stirn seines Sohnes.

Als Josua erwachte, wusste William, was er zu tun hatte.

»Ich gebe dir das Geld«, sagte er Josua beim Frühstück. »Pack deine Sachen zusammen. Ich fahre dich zum Flughafen.«

Während sie auf das Flugzeug warteten, unterbrach Josua Williams Gedanken.

»Dad, es ist Zeit zum Einsteigen.«

Die beiden gingen auf den Flugsteig zu und hielten noch einmal an.

»Ich glaube, ich habe alles«, sagte Josua leise, als er sich seinem Vater zuwandte.

Was Josua da sah, hatte er noch nie gesehen und überhaupt nicht erwartet. Tränen. Auch wenn sein Vater sie zurückhielt und sich abwandte, als wolle er aus dem Fenster sehen – Josua hatte sie gesehen.

Josua ließ sich neben den Eimer auf den Boden fallen. Er sah auf die Uhr an der Wand. Drei Uhr früh. Er war so müde. Er hatte die Küche sauber gemacht, die Badezimmer geschrubbt, mehrere Maschinen Wäsche gewaschen, und nun wischte er noch den Boden in den Schlafsälen.

Er griff hoch, um eine Zigarette aus seiner Hemdtasche zu ziehen, doch sie war leer. Wenn du kein Geld hast, hast du auch keine Zigaretten.

Mit dem Rücken zur Wand und den Armen auf den Knien sah er in das Halbdunkel des Schlafsaals. Obwohl er keine Gesichter erkennen konnte, hörte er das Schnarchen. Ein Raum voller Herumtreiber und Betrunkener. Einige waren auf der Flucht, andere auf dem Heimweg. Aber alle träumten sie von einem besseren Ort. Alle sehnten sich nach einem Zuhause.

Von allen Orten, von denen er befürchtet hatte, einmal dort zu landen – an eine Schlafbaracke der Heilsarmee hatte Josua nie gedacht. Als er vor drei Monaten in der Stadt ankam, war er großspurig und vermögend. Das Einzige, was noch stärker blitzte als sein Geld, war sein Grinsen. Er kaufte ein Auto. Er mietete eine Wohnung. Er kaufte sich neue Kleidung. Er hatte mehr Freunde, als er zählen konnte.

Dann kam der Anruf von der Bank. Das Konto war leer. An diesem Abend konnte er im Restaurant nicht mehr mit seiner Kreditkarte zahlen. Er konnte die Raten für das Auto nicht mehr aufbringen. Der Händler nahm es zurück. Er verkaufte seine Stereoanlage. Er versetzte seinen Schmuck. Jemand klaute seinen Rucksack und seine Brieftasche. Jeden Tag wurde der Kreis seiner Freunde kleiner. Dann konnte er die Miete nicht mehr zahlen und wurde aus der Wohnung geworfen.

Die nächste Woche lebte Josua auf der Straße – auf der Straße, auf der sich andere wegen seines Auftretens nach ihm umgesehen hatten. Jetzt drehten sich die Leute nach ihm um, weil er so stank. Dann hörte er von diesem Obdachlosenheim, wo man für eine Gegenleistung von zehn Stunden Arbeit übernachten konnte.

»Kaum zu glauben, dass ich schon seit einem Monat hier bin«, sagte Josua sich, als er so auf dem Boden saß. »Einen Monat Geschirrspülen, Abfall entsorgen und das Erbrochene von Leuten aufwischen, die zu betrunken sind, um die Toilette zu erreichen.«

Nur für einen Moment dachte er an sein Zuhause. Erinnerungen an ein warmes Bett, gutes Essen und Gespräche auf der Veranda. Er dachte an den großen Hof. Er sah in Gedanken, wie die Arbeiter seines Vaters am Ende der Woche zu ihm kamen und ihren Lohn erhielten.

»Diese Männer haben es besser als ich«, seufzte er. »Selbst der Mann, der für meinen Vater nur den Rasen mäht, hat satt zu essen und ein Zuhause.«

Komisch. Noch vor ein paar Monaten war es für ihn ein Gefängnis mit zu vielen Regeln gewesen, ein Käfig, der einen Vogel gefangen hielt, der frei sein wollte. Aber nun sehnte sich Josua nach einem Zuhause.

Er stand auf und ging ein paar Schritte in den Schlafsaal hinein, den er sauber machen wollte. Plötzlich sah er sein Gesicht im Spiegel. Es sah anders aus. Er strich sein Haar zurück und starrte sein Spiegelbild an. Er sah etwas, das er zuvor noch nie gesehen hatte. Er sah seinen Vater. Man hatte ihm gesagt, dass er wie sein Vater aussähe. Aber er hatte die Ähnlichkeit nie sehen können. In dieser Nacht sah er sie. Dasselbe Kinn. Dieselbe Nase.

»Dad.« In seinen Gedanken sah er seinen Vater wieder vor sich. Am Flughafen hatte sein Vater keine Worte für ihn gehabt – aber Tränen. Und die Tränen sagten mehr als alle Worte zusammen.

Josua richtete sich auf und sprach laut, so laut, dass sich der Mann auf der nächsten Pritsche umdrehte. Es war Josua egal.

»Ich gehe nach Hause.«

Er legte das Scheuertuch weg und stellte den Eimer zur Seite, dann trat er hinaus in die Nacht.

Harald schlürft einen Schluck Kaffee aus dem Styroporbecher und stellt ihn dann auf die Ablage zurück. Es ist seine liebste Zeit am Tag – früher Morgen, der Moment, wenn sich der graue Himmel golden färbt. Wie viele Lkw-Fahrer ist er nachts unterwegs. Aber anders als die anderen Fahrer ist Harald in den frühen Morgenstunden noch auf den Straßen zu finden.

»Jeder Sonnenaufgang ist ein Wunder«, sagt er den anderen immer, wenn er die Raststätten verlässt. »Wer will schon ein Wunder verpassen?«

In den dreißig Jahren auf der Straße hatte Harald schon viele Sonnenaufgänge gesehen, die meisten davon allein. Doch an diesem Morgen sollte er Gesellschaft bekommen. Als er seinen Laster auf den Highway lenkt, sieht er einen Anhalter, einen jungen Mann in Jeans und zerfetztem Hemd.

Harald nimmt nur selten Anhalter mit. Aber etwas an diesem Jungen fällt ihm auf. Er zieht den Wagen an den Straßenrand. Im Seitenspiegel sieht er den Jungen zum Wagen laufen. Harald lehnt sich hinüber und öffnet die Beifahrertür.

»Danke, dass Sie angehalten haben.« Der Anhalter ist etwas außer Atem. »Wie weit fahren Sie?«

»Noch mindestens zwei Stunden Richtung Süden.«

»Das reicht mir.« Der junge Mann steigt in den Laster.

»Wo willst du hin?«, erkundigt sich Harald.

»Nach Hause.«

»Lange weg gewesen?«

Als der Junge antwortet, hört Harald die Traurigkeit in seiner Stimme. »Zu lange, viel zu lange.«

»Mein Name ist Harald.«

»Ich heiße Josua«, erwidert der Junge.

Harald betrachtet Josuas schmutzige Kleidung und seine müden Augen. »Sieht so aus, als ob du mal wieder richtig schlafen und essen solltest.«

»Stimmt. Ich habe schwierige Zeiten hinter mir.« Und ohne lange nachzudenken, erzählt Josua auch schon seine ganze Geschichte. Als er am Ende angekommen ist, sieht er Harald in die Augen, aus denen ihm Mitgefühl entgegenstrahlt.

»Warst du schließlich hungrig genug, um nach Hause zu kommen?«

Josua zögert einen Moment, bevor er antwortet. »Nein, das war's nicht. Ich hätte den Job schon weiter geschafft. Ich wäre vielleicht sogar wieder auf die Beine gekommen.«

»Warum hast du dich dann entschlossen, nach Hause zu gehen?«

»Der Gedanke daran, was ich meinem Vater angetan habe. Ich habe ihm das Herz gebrochen. Ich muss ihm einfach sagen, wie leid es mir tut.«

»Wirst du zu Hause bleiben?«

»Ich weiß es nicht, Harald. Ich werde versuchen, in der Nähe Arbeit zu finden. Aber ich glaube nicht, dass mein Vater mit mir wieder unter einem Dach wohnen will ... Stopp«, sagt er plötzlich, »hier muss ich aussteigen.«

Doch Harald fährt nicht langsamer. »Nicht nötig, Junge. Ich fahre dich bis vor die Haustür.« Harald lenkt den Laster die Ausfahrt hinunter auf die schmale Straße. Nach Josuas Anweisungen schlängelt er sich zwischen einigen Anwesen und offenem Land hindurch.

Harald fällt auf, dass Josua nicht mehr viel sagt. Der Junge starrt auf den Boden. Er hält seine Hände verkrampft zwischen den Knien. Der lebenserfahrene Ältere legt dem Jungen eine Hand auf die Schulter. »Josua, es wird schon wieder ...«

»Was, wenn er mich noch nicht einmal durchs Tor lässt?«, unterbricht ihn Josua. »Was, wenn er mich nicht erzählen lässt, was passiert ist?«

»Josua, ich bin auch Vater. Ich weiß, wie ein Vater fühlt. Du musst deinem Vater die Wahrheit sagen. Gib ihm die Chance, dir zu vergeben.«

Josua sieht zu dem Fahrer hinüber und beobachtet dann, wie die Felder seines Vaters am Horizont auftauchen. »Wir sind fast da.«

Als sie das Haus erreichen, zieht Harald den Laster an den Rand der schmalen Straße und hält an.

»Ich warte hier.« Er lächelt. »Erzähl ihm einfach die Wahrheit, Josua.«

Josua nickt, holt einmal tief Luft und öffnet die Tür. »Danke fürs Mitnehmen und danke für den Rat.«

Harald beobachtet, wie der hochgewachsene Junge langsam den Weg zum Haus hinuntergeht. Harald sieht, dass Josua redet, während er geht. Er übt ein, was er sagen will.

Er hat erst die halbe Strecke zum Haus geschafft, als am anderen Ende des Wegs eine Gestalt auftaucht. Obwohl Harald ihn noch nie gesehen hat, weiß er sofort, dass es Josuas Vater ist. Nur ein Vater würde das tun, was dieser Mann tut. Er rennt. Er rennt so schnell er kann. Die Arme weit ausgebreitet und mit einem Lächeln auf dem Gesicht, das man nicht übersehen kann.

Einige Augenblicke lang sagt Harald nichts. Er prägt sich nur diese Szene ein, in der die Morgensonne hinter dem niedergeschlagenen Jungen und dem rennenden Vater aufgeht.

Doch dann hält er es nicht länger aus. »Josua«, schreit er, »sieh mal!«

Als Josua sieht, dass sein Vater nur noch wenige Meter entfernt ist und immer näher kommt, fällt er auf die Knie. Er versucht zu sprechen, doch die Worte wollen nicht kommen. Seine sorgfältig eingeübte Rede ist vergessen, als er seinem Vater die Arme um die Taille schlingt.

Harald wischt sich die Tränen ab, als er den Laster wieder anlässt. Er hat gesehen, was er sehen wollte. Er hatte das Wunder dieses Morgens gesehen.

Ehe es zu spät ist

… so wird es auch beim Kommen des Menschensohns sein. Zwei Männer werden auf dem Felde arbeiten. Der eine wird angenommen, und der andere bleibt zurück.
MATTHÄUS 24,39+40

Die beiden Jungen sahen den Kapitän erstaunt an. »Du verlässt die Insel?«, fragten sie wie aus einem Mund. Das taten sie oft, denn sie waren Zwillinge und dachten immer das Gleiche.

»Du kannst die Insel nicht verlassen«, rief Argo aus. »Ohne dich wären wir so … so …«

»Allein«, vervollständigte Arion Argos Satz, wie er es oft tat.

»Arion hat recht«, stimmte Argo zu.

Der Kapitän sah die beiden Jungen aus gütigen Augen an. »Denkt immer daran, was ich euch beigebracht habe, und denkt daran, dass ich zurückkomme.«

Die Jungen konnten sich ein Leben auf Terrence ohne den Kapitän nicht vorstellen. Argo und Arion waren gerade einmal zwei Jahre alt gewesen, als sie im nächtlichen Sturm Schiffbruch erlitten und ihre Eltern verloren hatten. Der Kapitän und die beiden Jungen waren zu dieser kleinen Insel getrieben. Sie hatten sich darauf eingerichtet und ihr neues Zuhause Terrence genannt. Das war vor vierzehn Jahren. Und nun wollte der Kapitän die Insel verlassen, und die Jungen hatten Angst.

»Es gibt noch so viel mehr im Leben als Terrence. Und wenn ich wiederkomme, verlassen wir gemeinsam die Insel und reisen nach Bluestone.«

Es gab mehr im Leben als Terrence? Was Argo und Arion anbetraf, so kannten sie nur eine Welt, die aussah wie Terrence. Alles hier war klein und grau. Kein so fröhliches Grau wie Schnee, der im Schatten lag. Kein starkes Grau wie es Gewitterwolken hatten, sondern ein schmutziges, düsteres Grau, wie die verschlissene Haut eines Elefanten oder die kalte Asche eines erloschenen Feuers.

Aber wenn man immer nur Grau gesehen hat, erwartet man auch nichts anderes als Grau. »Ihr müsst mit dem Herzen sehen, nicht mit den Augen«, forderte der Kapitän sie auf.

Der Kapitän hatte an vielen Abenden mit den Jungen zusammengesessen und ihnen die Düsterkeit und die Bedeutung von Farbe erklärt. Der Kapitän berichtete, dass vor vielen Jahren ein Vulkan ausgebrochen war und für immer die Farben der Insel unter einem Berg von Asche begraben hatte.

Daher war Terrence eine graue Insel inmitten eines großen grauen Ozeans. Wellen mit grauen Kämmen schlugen an einen Strand aus grauem Sand. Bäume mit grauen Stämmen boten grau gefiederten Vögeln ein Zuhause. Graue Tiere mit grauen Augen blickten hinter grauen Büschen hervor.

Nur die Jungen und der Kapitän waren nicht grau.

Ein dichter Wald wuchs in der Mitte der Insel, und in

seinem Zentrum erhob sich ein Berg. Der Kapitän gebot den Jungen, sich von beidem fernzuhalten.

Er sagte: »Der Vulkan ist schon einmal ausgebrochen. Es wird wieder passieren.«

»Und bleibt aus dem Wald heraus«, erklärte er, »denn er wird euch eure Farbe nehmen.«

Sie glaubten dem Kapitän, denn er hatte schon tausend Inseln gesehen. »Es gibt Inseln«, berichtete der Kapitän, »die sind so groß, dass man mehr als zwei Tage braucht, um sie zu umrunden!«

Das erstaunte Argo und Arion, denn sie konnten an einem Tag um ganz Terrence herumlaufen.

»Und es gibt Inseln, da ist der Himmel so klar und das Wasser so süß, dass die Vögel singen und die Tiere aus dem Wald heraus an den Strand kommen.«

Erstaunlich! Auf Terrence sangen keine Vögel. Und die Tiere verließen nie den Wald.

»Aber eine Insel ist etwas ganz Besonderes.«

»Bluestone«, sagten die Jungen wie aus einem Mund. Sie kannten den Namen gut, denn diese Insel war die Heimat des Kapitäns.

»Bluestone«, sagte der Kapitän dann immer mit einem Lächeln. »Dort singen die Vögel immer. Das blaue Wasser plätschert über blanke braune Steine dahin, das Gras ist immer grün, und die Sonne versinkt am Horizont wie ein großer oranger Ball.«

Argo und Arion kniffen immer ihre Augen zu und versuchten sich die Farben und die Geräusche vorzustellen. Aber sie hatten noch nie Vögel singen hören und sie sahen immer nur Grau.

Der Kapitän wusste, wie schwer es für sie war, darum versuchte er ihnen zu helfen. »Seht euch an«, forderte er sie auf. »Seht ihr eure blauen Augen? Diese Farbe hat das Wasser auf Bluestone. Und seht ihr eure blonden Haare? Auf meiner Insel gibt es Vögel und Sonnenuntergänge in dieser Pracht. Und seht ihr, wie weiß eure Zähne sind? So weiß sind die Strände von Bluestone. Es ist mit nichts vergleichbar, was ihr hier auf Terrence gesehen habt.«

Dann wurde der Kapitän immer ganz ernst: »Argo, Arion, ihr seid nicht für ein Leben auf Terrence gemacht. Ihr seid nicht dazu bestimmt, im Grau zu leben.«

Dann wurde seine Stimme leise und traurig. »Terrence war einmal wie Bluestone – schön anzublicken und voller Klänge – vor langer Zeit, vor dem Vulkan.«

Doch seine Stimme war immer nur einen Moment lang traurig. »Bluestone ist nicht grau.« Seine Augen funkelten, während er sprach. »Und Bluestone ist euer wahres Zuhause.«

»Ich werde nur eine kurze Zeit fort sein«, sagte er. »Ich fahre nach Bluestone, um dort einen Platz für euch vorzubereiten. Dann komme ich zurück und nehme euch mit.«

»Aber was sollen wir tun, während du weg bist?«, fragten sie.

»Erinnert euch gegenseitig daran, dass dies hier nicht euer Zuhause ist. Und helft einander, euch auf meine Rückkehr vorzubereiten.«

Obwohl die Jungen dem Kapitän glaubten, waren ihre Herzen traurig, als er in sein Fischerboot stieg und das Segel für die Fahrt nach Bluestone setzte. »Ich kehre zurück!«, rief er ihnen zu. »Seid bereit!«

Und so begannen die Tage, in denen Argo und Arion allein auf der Insel waren.

Zuerst glichen sie sich noch und taten dieselben Dinge. Sie standen früh am Morgen auf, sahen einander an und dachten an Bluestone.

»Deine Augen sind wie das Wasser, das wir dort sehen werden«, sagte der eine.

»Und dein Haar ist so gelb wie die Vögel, die wir dort hören werden«, antworte der andere.

»Wir sind nicht für Terrence gemacht«, versicherten sie sich. »Wir wurden für einen anderen Ort geschaffen.«

Sie verbrachten die Tage gemeinsam und träumten dabei vom Kapitän und erinnerten sich an seine Worte.

Wenn es Abend wurde, gingen sie an den östlichen Strand, von dem er losgefahren war, und erinnerten sich an seine Abschiedsworte. »Ich kehre zurück und nehme euch mit«, wiederholte der eine. »Seid bereit, die Insel zu verlassen, wenn ich zurückkomme«, mahnte der andere. Und dann legten sie sich für die Nacht hin.

Viele Tage lang suchten sie den Horizont nach dem Kapitän ab. Auf seine Rückkehr zu warten, erfüllte sie mit Freude. Jedenfalls am Anfang.

Aber nach zahllosen Tagen wurden Argo und Arion es müde zu warten.

»Ich kann mich fast nicht mehr an seine Stimme erinnern«, gab Argo zu.

Arion fügte hinzu: »Und die Farben sind ganz verschwommen.«

An einem Nachmittag legte Arion sich am Strand zum Schlafen hin, während Argo Wache hielt. Als Arion aufwachte, hatte Argo den Strand verlassen. Er kehrte erst zurück, als die Sonne sank und Arion schon zum östlichen Strand gegangen war.

»Wo warst du?«, fragte Arion.

»Mir wurde der Ozean zu langweilig und ich bin in den Wald gegangen.«

»Aber der Kapitän hat doch gesagt, wir sollen nicht in den Wald gehen. Wir müssen zusammenbleiben, Argo, und aufpassen.«

Argo antwortete nicht. Und als die Jungen an diesem Abend die Worte des Kapitäns wiederholten, schienen sie Argo nicht mehr zu interessieren.

Als Arion am nächsten Morgen aufwachte, war Argo wieder verschwunden. Arion versuchte, ohne die Hilfe seines Bruders die Farben zu sehen und die Musik zu hören, aber es war sehr schwer. Er fühlte sich allein, während er mit dem Himmel sprach und ihm niemand zuhörte, doch er sprach weiter.

Es vergingen mehrere Tage, bevor Arion seinen Bruder wieder sah. Und als es geschah, erschrak Arion. Er blickte in Argos Augen, weil er das Blau sehen wollte, das ihn an Bluestone erinnerte, aber die Farbe war verschwunden. Das Haar, das einmal so blond wie die Sonne im Land des Kapitäns gewesen war, war hell und ausgeblichen.

»Argo, du hast dich verändert!«

»Nein, habe ich nicht«, behauptete Argo.

»Was ist passiert?«

»Ich habe Freunde gefunden, im Wald. Die Tiere. Sie

sind nicht böse. Sie haben mir Dinge gezeigt, die ich noch nie zuvor gesehen hatte. Wir schwimmen im Fluss und rennen über die Wiese und kriechen in die Höhle unter dem großen Berg.«

»Argo, hast du die Worte des Kapitäns vergessen? Er sagte, wir sollen von dem Berg wegbleiben. Er könnte wieder explodieren.«

Argo lachte, ein tiefes, heiseres Lachen, wie die Geräusche, die nachts aus dem Wald drangen.

»Die Tiere haben mir die Wahrheit gesagt, Arion. Der Vulkan ist nie ausgebrochen und wird es auch nie tun. Das ist nur Einbildung. Komm mit, ich zeige es dir.«

Arion sah seinen Bruder lange an. Er sah in die Augen, die einmal gefunkelt hatten und berührte das Haar, das einmal geglänzt hatte. »Du hast dich verändert, Argo. Du bist wie diese Insel.«

»Ein bisschen Veränderung tut nicht weh. Außerdem macht das, was ich jetzt tue, Spaß. Komm mit.«

»Nein, Argo, wir müssen hier warten. Wenn du hier bleibst, bekommst du vielleicht deine Farbe zurück.«

Argo lachte wieder dieses dunkle Lachen. »Hier bleiben und auf etwas warten, das doch nie eintritt? Und den ganzen Spaß im Wald verpassen? Du bist ein Dummkopf, Arion. Wenn der Kapitän zurückkommen wollte, dann wäre er schon längst wieder da. Komm mit, ich stelle dich meinen Freunden vor.«

»Nein, Argo. Bleib bei mir und lass mich dir helfen, dich auf die Rückkehr des Kapitäns vorzubereiten.«

Die Brüder standen sich gegenüber und sahen sich an – Arion voller Schmerz und Argo voller Unglauben.

»Du glaubst wirklich, dass er wiederkommt, nicht wahr? Nach all dieser Zeit? Wenn du gesehen hättest, was ich im Wald gesehen habe, würdest du nicht hier am Strand bleiben.«

Arion sprach mit fester Stimme. »Ich habe genug gesehen, Argo. Der Wald hat dir deine Schönheit genommen. Bleib bei mir. Ändere dich, bevor es zu spät ist.«

Aber Argo lächelte nur, ging auf die Bäume zu und wurde ein Teil der Düsternis.

Nur ein paar Tage später tauchte ein goldener Punkt am morgendlichen Horizont auf. Er hatte die Farbe, die Argos Haar einmal besessen hatte, nur noch tausendmal strahlender. Er glitzerte und funkelte wie ein Feuer in der Nacht. Das Licht durchdrang mit seiner Schönheit das Grau. Es war ein prächtiger Segelschoner, dessen strahlend weiße Segel sich im Wind bauschten.

Der Kapitän war zurückgekehrt! Arion konnte ihn im Bug des Schiffes stehen sehen.

»Ich bin zurück!«

»Ich bin bereit!«, rief Arion so laut er konnte. Der Kapitän winkte.

Nachdem Arion das Schiff betreten hatte, rannte er in die Arme des Kapitäns. Die Müdigkeit des Wartens war vergessen. Was Arion bis dahin nur mit dem Herzen sehen konnte, sah er nun mit eigenen Augen.

Er dachte an seinen Bruder und blickte zum Kapitän hoch. »Argo hat Terrence gewählt.«

Das Gesicht des Kapitäns wurde traurig. Er ging zur Reling und sah in den grauen Wald.

»Sollen wir ihn holen?«, fragte Arion.

»Nein, mein Kind. Er hat seine Wahl getroffen.«

Und nach diesen Worten setzte das Schiff Segel in Richtung Bluestone. Erst als sie den Horizont erreicht hatten, spürten sie das Beben des Vulkans.

Die Melodie des Königs

Und noch ein ganz besonderes Wort
an meine drei Töchter Jenna, Andrea und Sara.
Danke, dass ihr mir immer wieder
Geheimnisse des Lebens erzählt.

Euch lässt Gott die Geheimnisse
seiner neuen Welt verstehen.
Jesus in Markus 4,11

Wenn Sie dieses Buch mit Ihren Kindern lesen

»Wenn du etwas wirklich Wichtiges sagen willst, dann erzähle eine Geschichte.« Die Geschichten in diesem Buch wollen etwas Wichtiges sagen. Sie wollen Menschen – Kindern und Erwachsenen – etwas darüber sagen, wie man ein glücklicher Mensch wird. Geschichten haben Macht. Sie prägen sich ein, und sie können das Leben prägen – viel besser als theoretische Grundsätze. Aber was ich auf den Seiten dieses Buches getan habe, ist nur ein Anfang. Was Sie daraus machen, liegt in Ihren Händen, da, wo es hingehört. Sie können diese Geschichten nutzen, um Ihren Kindern etwas sehr Kostbares weiterzugeben: eine klare Ausrichtung an inneren Werten.

Betrachten Sie jedes Kapitel in diesem Buch als eine Art Sprungbrett. Seien Sie kreativ. Erfinderisch. Vor allem: Seien Sie leidenschaftlich. Erzählen Sie Ihren Kindern, was Sie wirklich glauben. Lassen Sie sie erzählen, was sie zu einer Geschichte denken. Führen Sie ein Gespräch. Stellen Sie sich gemeinsam vor, was passieren könnte, wenn Sie es wagen, diese »Geheimnisse« in Ihrem Leben zur Geltung zu bringen. Erinnern Sie sich gegenseitig daran. Und dann: Rechnen Sie mit dem Segen Gottes.

Max Lucado

Das Schattenhaus

Der Herr zieht die Menschen,
die ihn ernst nehmen, ins Vertrauen.
Psalm 25,14

Zuerst glaubte Lucas, dass er den Baseball fangen könne, bevor er auf der Erde aufschlug. Aber nach ein paar Schritten wusste er, dass er es nie im Leben schaffen würde. Eric hatte den Ball hoch in die Luft geschlagen – höher, als es je einer von ihnen geschafft hatte. Lucas blieb einfach stehen und sah zu, wie der Ball das Fenster des Hauses durchschlug, vor dem alle Kinder eine gewisse Scheu empfanden – das Schattenhaus.

Niemand, den er kannte, kam diesem Haus auch nur nahe. Man erzählte, einige Leute hätten nachts Licht darin gesehen. Aber niemand wusste es ganz sicher. Niemand wusste es, weil niemand nahe heranging. Das Haus ragte bedrohlich am Ende der Straße auf wie ein verwunschenes Schloss.

Eric erreichte Lucas und blieb neben ihm stehen. »Wo ist der Ball denn hin?«, keuchte er.

Lucas zeigte auf ein zerbrochenes Fenster im ersten Stock. Irgendwo dahinter lag auf einem staubigen, mit Glassplittern übersäten Fußboden der Baseball. Lucas' Baseball. Sein brandneuer Baseball. Der Ball, den sein Vater letzte Woche bei einem Profispiel gefangen hatte.

Er konnte nicht ohne diesen Ball nach Hause kommen.

Die beiden Jungen starrten auf das Haus. Es war unheimlich. Hohe Eichen. Graue Farbe, die abblätterte. Lose Dachziegel. Schief herabhängende Fensterläden. Ein loses Fallrohr ragte in die Luft.

Einige Fenster waren zersprungen, andere mit Brettern vernagelt. Der halbhohe Zaun wurde fast von dem hohen Gras und dem Unkraut überwuchert.

»Jetzt haben wir aber wirklich ein Problem.« Die Stimme gehörte Sarah, Lucas' kleiner Schwester.

Sie war erst neun, aber sie konnte einen Ball sehr schnell werfen, und sie war eine gute Fängerin. Deshalb ließen Eric und Lucas sie immer mitspielen. Außerdem gab es in ihrer Nachbarschaft nicht viele andere Kinder. Die meisten Familien mit Kindern lebten am Stadtrand. Aber Eric und Lucas lebten in der Innenstadt – in einem alten Viertel mit alten Häusern. Einige schön. Andere unheimlich – so wie das Schattenhaus.

»Maaaaann!«, seufzte Eric und starrte auf das zerbrochene Fenster. »Der wäre im Stadion außerhalb des Spielfelds gewesen.«

»Ja, aber das hier ist nicht das Stadion, und du bist nicht in einem Spiel. Das hier ist das Schattenhaus, und du hast ein ziemliches Problem.«

Lucas und Eric waren beide zwölf Jahre alt, aber das war auch schon ihre einzige Gemeinsamkeit. Eric war groß und sportlich. Lucas war klein und dünn. Eric trug immer eine Baseballkappe und hatte seinen Handschuh dabei. Lucas trug eine Brille und schleppte ein Buch mit.

Wenn mehr Kinder in der Nachbarschaft gewohnt

hätten, wären sich die beiden vielleicht nie begegnet. Aber so waren Eric und Lucas aufeinander angewiesen. Im Laufe der Jahre waren sie Freunde geworden. Die Freundschaft hatte ihnen beiden geholfen. Eric wusste nun, wie man einen Computer bedient und Lucas, wo er im Einkaufszentrum Baseballkarten kaufen konnte. Im Einkaufszentrum wären sie jetzt gerne gewesen.

»Jemand muss da raufgehen«, sagte Sarah und wusste, dass sie es von den dreien sicher nicht sein würde.

»Können wir den Ball nicht einfach vergessen?«, fragte Eric.

»Das geht nicht. Es ist ein neuer Ball. Außerdem haben wir ein Fenster zerbrochen. Wir müssen ... wir müssen da hingehen und ihn holen.«

»Wir?«, fragten Eric und Sarah gleichzeitig.

»Ja, wir«, erklärte Lucas. »Sarah hat den Ball geworfen, Eric hat ihn geschlagen und ich bin der Älteste.«

Lucas war nur zwei Monate älter als Eric. Aber es reichte aus, dass er sich wichtiger fühlte, vor allem, weil er der Kleinere war. Dieses Mal machte Eric der Hinweis auf ihren Altersunterschied nichts aus.

»Na, wenn du älter bist, kannst du auch alleine gehen.«

»Kommt nicht in Frage, Eric. Wir gehen alle.«

Lucas sah erst zu Eric auf und dann herunter zu Sarah. Dann schauten sich Sarah und Eric an. »Na gut«, stöhnten sie.

Das hölzerne Tor des Gartenzauns knarrte, als Lucas es öffnete. Die drei schluckten und betraten den Garten des Schattenhauses.

Die Dielen der Veranda ächzten unter ihren Füßen, als sie zur Haustür gingen. »Ich hoffe, die Tür ist nicht abgeschlossen«, sagte Sarah.

»Leise!«, mahnten die Jungs. Sie hofften, dass sie verschlossen war.

Sie war es nicht. Die Fliegentür knarrte, der metallene Türknopf quietschte, und ein modriger Geruch stieg Lucas in die Nase, als er die Tür öffnete. Er sah sich nach den anderen um und trat ein.

Ein Lichtstrahl von einem Seitenfenster fiel über mit Tüchern abgedeckte Möbel und endete am Fuß eines großen Steinkamins. Drei Paar weit aufgerissene Augen schauten forschend ins Halbdunkel.

»Ist es leer?«, flüsterte Eric.

»Hoffentlich«, antwortete Lucas.

»Seht mal, da ist die Küche«, sagte Sarah laut.

»Schhhh«, gaben die Jungs zurück.

Sie hörte nicht auf sie. Schon stand sie in der Küche und starrte auf die großen Schränke und die hohe Decke. »Mann, das hier ist richtig alt.«

»Sarah, komm zurück«, flüsterte Lucas so laut es ging. Er stand noch nahe am Eingang. »Wir kommen lieber später mit Papa wieder.« Er wollte Eric gerade sagen, dass er Sarah holen sollte, als er einen Hut und eine Jacke an der Wand neben der Küchentür hängen sah. Und die Sachen waren nicht staubig. Das Haus war alt, aber der Hut und die Jacke waren es nicht. Er schluckte schwer. »J-j-jemand ist hier«, sagte er ziemlich leise.

Aber niemand hörte ihn. Sarah war noch immer in

der Küche und Eric war … Eric war … *Eric? Eric?* »Oh Mann. Eric ist weg!«

Seine Gedanken begannen zu rasen. Ich renne nach Hause. Nein, ich kann Eric und Sarah nicht im Stich lassen. Ich schreie. Nein, dann weiß der Hut-und-Jacke-Mann nur, dass wir da sind. Ich könnte … ich könnte … Aber etwas anderes fiel ihm nicht ein.

Brauchte es auch nicht.

Plötzlich lag eine Hand auf seiner Schulter. Er wirbelte herum. Sonnenlicht von der Tür fiel auf den Rücken des Mannes. Seine Gesichtszüge lagen im Schatten, aber seine Größe wurde sichtbar. Er war schwer – schwer und groß –, und seine Hand war riesig. Und diese Hand lag noch immer auf Lucas' Schulter.

Die andere Hand warf einen Ball in die Luft. »Suchst du das hier?«

Bevor Lucas antworten konnte, kam Erics Stimme aus einem anderen Zimmer. »Lucas, komm her! Das ist stark! Schilde und Speere und Messer. Das musst du sehen.«

Lucas sah zu dem Mann auf. »Ähm, wir haben nur Ball gespielt. Wir wollten das Fenster nicht kaputt machen …«

Dann ertönte eine andere Stimme. Es war die von Sarah. »Hey, Jungs, im Kühlschrank ist Limo. Jemand muss hier sein.«

»Sieht so aus, als ob ihr euch schon ganz zu Hause fühlt«, dröhnte die Stimme des Fremden durch das halbleere Wohnzimmer.

Lucas blickte in das Gesicht, das noch immer im

Schatten lag. Er konnte einen buschigen Bart und den Umriss eines kräftigen Kiefers erkennen. »Dann schauen wir doch mal, was deine Freunde gefunden haben«, erklang es. Lucas' Magen zog sich zusammen, als ihn die starke Hand durch das Zimmer dirigierte.

Durch die offene Tür hindurch konnte Lucas Eric sehen, der auf den Knien vor einer alten Truhe hockte und ihm den Rücken zukehrte.

»Eric«, sagte Lucas leise.

Eric sah nicht auf. »Das musst du dir ansehen, Lucas! Diese Truhe ist voller toller Sachen. Perlen und Münzen … wow, hier ist ein Kopfschmuck mit Federn …«, Eric drehte sich um, um seinen Fund zu zeigen und erstarrte, als er zur Tür sah.

Der Mann, der hinter Lucas stand, hatte weiße Haare und buschige Augenbrauen. Er trug ein kariertes Hemd, eine blaue Latzhose, Arbeitsstiefel und … ein breites Lächeln.

»Es ist alles echt«, erklärte der alte Mann. »Das kommt alles aus dem Herzen Afrikas. Hanna, komm doch mal. Es sieht aus, als ob unsere Nachbarn zu Besuch gekommen sind.«

Eine kleine Frau, die ihre grauen Haare unter eine Baseballkappe gestopft hatte, kam aus dem anderen Zimmer herüber und lächelte ebenfalls. »Ich habe schon einen unserer Besucher getroffen.« Neben ihr stand Sarah, strahlte über das ganze Gesicht und trank Limo.

»Du musst Opa Jan sein«, sagte Sarah. »Hanna hat mir deinen Namen verraten.«

Die Augenbrauen des alten Mannes hoben sich erfreut nach oben. »Genau der bin ich. Wir sind gerade erst aus Afrika zurückgekommen. Wir waren dort als Missionare, und die Leute sagen, wir sind jetzt im Ruhestand. Aber so etwas gibt es nicht. Jeder von uns hat, sozusagen, eine Mission, und wir setzen uns nie zur Ruhe. Manche gehen eben ins Ausland, und die müssen nach Hause fahren, wenn sie zu alt sind.«

Er zwinkerte Sarah zu. »Und das gilt auch für mich.«

»Wie alt bist du?«, fragte sie.

»Alt genug, um zu wissen, was wichtig ist und was nicht«, war seine rätselhafte Antwort. »Und ich bin alt genug, um ein paar Geheimnisse zu kennen. Kommt, setzt euch und erzählt etwas von euch.«

Plötzlich fiel Lucas auf, dass er der Einzige im Zimmer war, der nervös war, obwohl es keinen Anlass mehr dazu gab. Er seufzte tief und setzte sich auf eine große, dick gepolsterte Couch.

»Wir haben dieses alte Haus auf einer Auktion ersteigert«, erklärte Jan. »Wir haben nicht viel Geld, aber wir haben Zeit genug, um das Haus wieder auf Vordermann zu bringen.«

»Wo habt ihr all diese Sachen her?«, fragte Eric, während er zurück zu der Holztruhe ging.

»Das haben wir alles in unserer Zeit in Afrika gesammelt. Sieh es dir ruhig genau an.«

Das ließ Eric sich nicht zweimal sagen. Vorsichtig nahm er weitere Gegenstände aus der Truhe: einen purpurfarbenen Umhang, eine goldene Schärpe, einen Armreif aus Elfenbein. »Den trägt man am Fußgelenk«, erklärte Jan.

Lucas ging zu Eric und zog einen Beutel mit Münzen heraus. »Die sind nicht mehr in Gebrauch. Ein alter Mann hat sie mir gegeben. Er hatte sie viele Jahre zuvor von einem holländischen Händler bekommen.«

Während die Jungen sich um Jan drängten, um das Gold zu bestaunen, ging Sarah zu der Truhe. Sie griff hinein und holte einen Stoffbeutel hervor, der mit einer Schnur zugezogen war. Aus diesem Beutel zog sie ein Buch. Der Ledereinband fühlte sich weich an. Eine Lasche verschloss das Buch.

»Du brauchst einen Schlüssel, um es zu öffnen.«

Sarah hatte nicht bemerkt, dass Jan ihr aufmerksam zusah.

»Ich trage den Schlüssel um den Hals«, erklärte er, während er sich auf die Brust klopfte.

»Was ist das für ein Buch?«

»Es ist mein kostbarster Besitz. Es ist ein Buch der Geheimnisse.«

»Ein Buch der was?«, fragte Eric nach.

»Geheimnisse. Geheimnisse, die ich in meinem Leben gelernt habe.«

»Was für Geheimnisse?«, fragte Lucas und sah Sarah über die Schulter.

»Die Geheimnisse des Lebens.«

Die Kinder sahen ihn mit fragenden Blicken an, und Jan begann zu erklären.

»Es sind die Geheimnisse, die davon erzählen, wie man gut lebt. Dieses Buch enthält die Erkenntnisse eines Mannes, der nach den Geheimnissen des Lebens gesucht hat.«

»Hat er sie gefunden?«

»Einige schon.«

»Und – worin bestehen sie?«

Ein breites Lächeln wurde unter dem Bart sichtbar. »Ahhh, das ist das erste Geheimnis. Du hörst die Antwort nur, wenn du die Frage stellst.«

»Welche Frage?«

Jans Augen blitzten. »Ich weiß es, wenn ich sie höre, und ihr wisst es, wenn ihr sie stellt. Und wenn wir es wissen, dann werde ich das Buch öffnen. Aber bis dahin müssen wir noch über eine andere Angelegenheit sprechen.« Er rollte den Baseball in seinen großen Händen.

»Das mit dem Fenster tut uns sehr leid«, machte Lucas den ersten Vorstoß.

»Das ist doch schon mal etwas. Und was sollten wir nun tun?«

»Aus unseren Fehlern lernen?«, fragte Eric. Lucas stieß ihm den Ellenbogen in die Rippen.

Aber Jan lächelte. »Das sollte man immer tun«, bestätigte er.

»Wir haben nicht viel Geld«, erklärte Lucas. »Zusammen sind es gerade drei Euro zwanzig.«

»Das reicht wohl nicht, um ein Fenster zu reparieren«, erwiderte Jan. »Aber ich habe eine Idee. An diesem Haus gibt es viel zu tun. Wie wäre es, wenn ihr drei als Bezahlung für das Fenster meinen Garten in Ordnung bringt?«

»Das ist aber viel Arbeit«, sagte Sarah.

»Nun, ihr könnt auch eure Eltern fragen, ob sie euch das Geld leihen.«

»Wir übernehmen den Garten«, sagte Eric schnell.

»Gut! Wenn ihr ausgetrunken habt, zeige ich euch, wo die Gartengeräte sind.«

Und so begann die Freundschaft mit Jan und Hanna, den beiden Menschen, von denen Eric, Lucas und Sarah etwas über die Geheimnisse des Lebens lernen würden.

Das Geheimnis der Vergebung

Ertragt einander, und seid bereit,
einander zu vergeben, selbst wenn
ihr glaubt im Recht zu sein.
KOLOSSER 3,13

An der Art, wie Sarah auf die Veranda kam, sah Opa Jan, dass sie etwas beschäftigte.

Den ganzen letzten Monat war sie jeden Nachmittag nach Schulschluss auf dem Weg nach Hause bei ihnen vorbeigekommen. Sie sprang die Stufen empor und rannte ohne anzuklopfen ins Haus, weil sie genau wusste, dass es von Hanna Kekse und von Jan eine Geschichte oder ein Lied für sie geben würde.

Da sie Geschichten, Kekse und Lieder mochte, kam sie immer auf einen kleinen Besuch vorbei. Aber heute schien es, als ob das alles nichts helfen würde.

»Na, warum machst du denn so ein trauriges Gesicht?«, fragte Jan, als er ihr die Tür öffnete.

Sarah war den Tränen nahe, und man sah es ihr an.

»Ach, es ist wegen Jessica.«

»Das Mädchen, das in der Schule neben dir sitzt?«

»Ja.«

»Was ist passiert?«

»Sie macht sich immer über mich lustig. Meine Eltern sind geschieden. Und Jessica hat angefangen, mich ›unsere kleine Waise Sarah‹ zu nennen. Warum macht sie so was? Ich bin doch nicht schuld, dass meine Eltern sich gestritten haben. Ich kann doch nichts dafür.«

»Natürlich kannst du das nicht«, versicherte Opa Jan. »Komm rein. Wir reden darüber.«

»Warum sagt sie so gemeine Sachen über mich?«, fuhr es Sarah heraus, als sie durch die Tür gingen. »Sie hat die ganzen Mädchen aus der Klasse dazu gebracht, dass sie sich über mich lustig machen. Sie stellen sich zusammen und ziehen so vielsagende Gesichter, wenn ich dazukomme. Ich habe ihr doch gar nichts getan. Ich habe ihr sogar beim Bruchrechnen geholfen. Sie ist grässlich schlecht in Mathe, und ich helfe ihr oft. Jetzt weiß ich, dass sie nicht nur in Mathe grässlich schlecht ist.«

Jan blieb stehen und sah auf seine kleine Freundin herunter. Er legte ihr die Hand unter das Kinn und drehte ihr Gesicht zu sich.

»Ich glaube, es ist Zeit, dass ich ein Geheimnis mit dir teile, Sarah. Die Kekse essen wir später. Komm mit.«

Sie betraten das Zimmer, in dem Eric zum ersten Mal die Truhe gesehen hatte. Es war jetzt aufgeräumt. Hanna und Jan hatten ein kleines Museum daraus gemacht. Die Wände waren mit Fotos und Gemälden bedeckt. Die Waffen der Buschmänner standen in der Ecke, und auf dem Tisch vor dem Sofa lagen zwei Bücher. Das eine war eine abgenutzte Bibel und das andere war das lederne Buch der Geheimnisse.

Jan nahm es in die Hand.

»Es ist aber nicht sehr dick«, bemerkte Sarah.

»Das muss es auch nicht sein. Wahre Weisheit braucht nicht viele Worte.«

Jan gab Sarah das Buch. Sie öffnete es und las die Worte, die dort mit der Hand hineingeschrieben worden waren: »Geheimnisse des Lebens«.

»Geheimnisse. Jedes Geheimnis hat eine bestimmte Botschaft. Was hältst du davon, wenn ich dir das erste vorlese?«

»Wovon handelt es?«

»Es handelt von etwas, das du Jessica geben musst.«

»Eine Standpauke?«

»Nein«, lächelte Jan.

Opa Jan griff in die Brusttasche seines Overalls und zog seine Brille hervor. »Setz dich, Sarah. Ich lese dir die Geschichte vor.«

Die beiden saßen im Sonnenlicht, das durch das offene Fenster hereinfiel, und Jan begann zu lesen.

Der Wassermeister

Vor vielen Jahren gab es in der Wüste ein Dorf. Wasser war knapp, und den Menschen war das wenige, das sie hatten, sehr kostbar. Es regnete selten. Aber wenn der Himmel seine Schleusen auftat, dann beeilten sich die Menschen und stellten Töpfe und Eimer nach draußen, um das kostbare Nass aufzufangen. Jeder Tropfen war ein Schatz. Jede Tasse voll war kostbar.

Deshalb waren die Menschen auch so begeistert, als man die Höhle entdeckte.

Eines Tages grub ein Bauer Löcher für Zaunpfosten. Dicht unter der Oberfläche fand er eine Höhle – nicht groß, aber sie war voller Wasser.

Sofort ließ er einen Eimer hinunter, zog ihn hoch und kostete das Wasser. Zu seiner großen Freude war es kaltes, süßes Wasser. Er war so begeistert, dass er alle seine Eimer füllte, sie auf seinen Wagen lud und damit zurück ins Dorf eilte.

»Ich habe Wasser! Ich habe Wasser!«, schrie er. Die Dorfbewohner kamen aus ihren Häusern gelaufen. Als die Menschen sich versammelt hatten, berichtete der Bauer, wie er den Schatz gefunden hatte. Voller Freude gab er bekannt, dass genug Wasser für alle da sei. »Trinkt, so viel ihr wollt«, bot er an. Und dann nahm er zum großen Erstaunen der anderen einen Eimer und schüttete ihn über einem kleinen Jungen aus.

»Es ist genug da«, verkündete er. »Genießt es.« Und die Leute freuten sich und begannen einander nass zu spritzen. Es war das erste Mal, dass es genug Wasser für alle gab.

Als der Jubel sich gelegt hatte, verkündete der Bauer seinen Plan. »Ich werde jeden Morgen Wasser bringen, dann kann jeder von euch holen, so viel er braucht.«

Und das tat er auch. Der Bauer wurde der Wassermeister. Jeden Morgen lud er die Eimer hinten auf seinen Wagen, fuhr ins Dorf und verteilte das Wasser an die Menschen. Es war ein neuer Tag. Das Wasser kostete nichts. Der Bauer tat es gern, und die Dorfbewohner waren dankbar.

Doch dann hatte der Bauer eines Nachts einen Traum.

In dem Traum sah er, wie die Menschen das Wasser nahmen. Aber sie taten es nicht dankbar. Sie kamen einfach zum Wagen, schnappten sich den Eimer und gingen ohne ein Wort des Dankes davon.

Als er aufwachte, war er besorgt. Als er ins Dorf fuhr, beschloss er, von jetzt an nur noch denen Wasser zu geben, die sich auch dankbar zeigten.

Bevor er den Menschen erlaubte, ihre Eimer zu nehmen, verkündete er: »Von jetzt an gebe ich nur Wasser an die ab, die sich dafür bedanken.« Die Menschen waren überrascht. Jeder dankte ihm, als er oder sie das Wasser erhielt.

Alles ging gut, bis der Bauer einen weiteren Traum hatte. In diesem Traum, waren einige von den Leuten, die das Wasser tranken, unfreundlich zu ihren Nachbarn und vernachlässigten ihre Tiere. Am nächsten Morgen war er wieder von Sorgen erfüllt. Er beschloss, nur denen Wasser zu geben, die es auch wert waren.

»Wenn ihr eure Tiere nicht gut behandelt oder unfreundlich zu euren Nachbarn seid, bekommt ihr kein Wasser«, verkündete er.

Die Menschen blickten einander an und schwiegen. Sie wussten, dass es Leute unter ihnen gab, die genau das taten. Als der Wassermeister die ersten misstrauischen Blicke sah, hatte er eine Idee.

»Kommt einfach zu mir und sagt mir, wer es nicht wert ist, Wasser zu bekommen, dann weiß ich Bescheid.«

Einer nach dem anderen kamen sie zu ihm und nannten die Namen. Er machte eine Liste. Die Liste wurde länger und länger. Als er endlich mit dem letzten

Dorfbewohner gesprochen hatte, las der Bauer die Namen. Er war schockiert. Jeder aus dem Dorf stand auf der Liste, nur einer nicht.

Er selbst.

Also stellte er sich auf den Wagen und verkündete, dass er jetzt kein Wasser mehr ins Dorf bringen würde, da nur so wenige dankbar waren und kein Einziger es wert war, Wasser zu bekommen. Und er drehte mit seinem Wagen voller Wasser um und fuhr nach Hause.

Opa Jan blickte vom Buch auf und sah Sarah an. Ihre Augenbrauen waren vor Ärger gekraust. »Das ist nicht gerecht«, protestierte sie. »Das kann er doch nicht machen. Wie kann er sich denn einfach das Recht nehmen zu entscheiden, wer Wasser bekommt und wer nicht?«

»Was meinst du damit?«

»Das Wasser gehörte ihm doch eigentlich gar nicht. Es war ein Geschenk. Seine Aufgabe war es, allen davon abzugeben, nicht nur denen, die gut und dankbar waren.«

»Du meinst also, dass es falsch ist, bösen Menschen etwas Gutes vorzuenthalten.«

»Ja, genau. Sieh dir doch nur Jesus an. Er hat auch den Undankbaren ständig gute Sachen gegeben. Weißt du noch, wie er einmal diese Aussätzigen geheilt hat, die sich dafür nicht bedankt haben?«

»Ich bin froh, dass du auf Jesus gekommen bist, Sarah. Am Ende dieser Geschichte wird ein Vers aus der Bibel zitiert. Darin steht etwas, was Jesus gesagt hat. Willst du es mal lesen?«

Er gab Sarah das Buch, und sie las die folgenden Worte vor: »Ihr aber sollt eure Feinde lieben und den Menschen Gutes tun. Ihr sollt ihnen helfen, ohne einen Dank oder eine Gegenleistung zu erwarten. Dann werdet ihr reich belohnt werden: Ihr werdet Kinder des höchsten Gottes sein. Denn auch er ist gütig zu Undankbaren und Bösen« (Lukas 6,35).

Schnell sah Sarah hoch: »Das ist genau das, was ich gemeint habe. Nur weil jemand gemein ist, muss man doch nicht auch gemein zu ihm sein. Wenn du es doch bist, bist du auch nicht besser als er.«

Sie hielt inne, und auf ihrem Gesicht erschien langsam ein verhaltenes Lächeln. »Jessica?«

»Genau. Jessica!«, erwiderte Jan.

»Sie war echt gemein.«

»Das stimmt. Solange du lebst, wirst du Menschen wie Jessica treffen, Sarah. Du kannst ihnen nicht aus dem Weg gehen. Aber du kannst ganz tief in das Wasser der Liebe eintauchen, das Gott dir gegeben hat. Und er wird dir helfen zu vergeben.«

»Ist das das Geheimnis?«

»Das ist das Geheimnis. Schau, hier am Ende der Seite ist es aufgeschrieben.«

Langsam las Sarah die Worte vor: »Zögere nicht, das Wasser der Gnade mit deinen Feinden zu teilen – gib es ihnen als Geschenk, denn du hast es auch als Geschenk erhalten.«

Das Geheimnis des Sieges

Bleibt wachsam, und steht fest im Glauben!
Seid entschlossen und stark!
1. Korinther 16,13

Der Besuch wurde genauso schlimm, wie Lucas es befürchtet hatte. Sein Cousin war einfach ein nerviger Typ. Jedes Mal, wenn Lucas mit ihm zusammen war, bekam er Schwierigkeiten.

»Er schafft es immer wieder, dass ich Dinge tue, von denen ich weiß, dass ich sie besser nicht täte«, hatte Lucas Jan erklärt, bevor sie losgefahren waren. »Letztes Jahr hat er mich in einen Film mitgeschleift, der nicht jugendfrei war. Ich wollte nicht mitgehen. Aber ich wusste genau, wenn ich es nicht tue, dann fühle ich mich wie ein Musterknabe, der immer alles ganz korrekt machen will. Also ging ich mit.«

»Hört sich an, als ob er keinen guten Einfluss auf dich hat«, bemerkte Jan.

»Manchmal fühlt es sich an, als ob er noch mehr als nur ein schlechter Einfluss ist. Es ist, als ob er fast Macht über mich hat, mich kontrolliert oder so.«

Jan ging in sein Arbeitszimmer und kam mit dem Buch der Geheimnisse zurück. Er nahm den Schlüssel ab und gab beides Lucas. »Wenn du wieder in eine Situation gerätst, in der du den Vorschlägen deines Cousins nicht nachgeben willst, such dir ein stilles Fleckchen und lies die Geschichte mit dem Titel »Die Melodie des Königs«. Sie wird dir helfen, richtig zu entscheiden.«

Diese Situation kam früher, als Lucas gedacht hatte. Während sich die Erwachsenen noch im Vorgarten begrüßten, lehnte sich sein Cousin zu ihm hinüber und flüsterte: »Wir machen Party heute Nacht.«

Als die beiden später allein waren, erklärte er Lucas: »Wenn die Erwachsenen heute Abend im Bett sind, schleichen wir uns raus. Ich kenne da ein Mädchen, das hat heute sturmfreie Bude. Alle werden da sein!«

Lucas suchte verzweifelt nach einer Ausrede, aber ihm fiel nichts ein. Er wusste nicht, was er tun sollte. Dann erinnerte er sich an das Buch der Geheimnisse. Er sagte, er wolle schon schlafen gehen, nickte bloß, als sein Cousin ihm zuzwinkerte, und ging ins Gästezimmer.

»Was soll ich nur tun?«, fragte er sich, während er auf dem Bett saß und das Buch aufschlug. Er fand das richtige Kapitel und begann zu lesen.

Die Melodie des Königs

Drei Ritter saßen am Tisch und lauschten dem Prinzen.

»Mein Vater, der König, verspricht die Hand meiner Schwester dem, der sich als Erster dieser Ehre würdig erweist.«

Der Prinz machte eine kurze Pause, damit die Männer die Bedeutung dieser Nachricht aufnehmen konnten. Er sah in ihre Gesichter – sie waren vom Wetter gegerbt und von Kämpfen gezeichnet. Im ganzen Königreich gab es keine besseren Krieger als diese drei. Und diese drei Ritter kannten kein schöneres Mädchen als die Tochter des Königs.

Jeder der drei Ritter hatte beim König um ihre Hand angehalten. Der König hatte versprochen, ihnen eine einzige Chance zu geben: eine Prüfung, um herauszufinden, wer seiner Tochter würdig sei. Und nun war die Zeit der Prüfung da.

»Eure Prüfung ist eine Reise«, erklärte der Prinz, »eine Reise zum Schloss des Königs, und zwar durch den Schierlingsforst.«

»Durch diesen Wald?«, fragte einer der Ritter rasch.

»Durch den Schierlingswald«, antwortete der Prinz.

Es herrschte Schweigen, während die Ritter die Bedeutung dieser Worte erwogen. Jeder verspürte eine leise Angst. Sie kannten die Gefahren des Schierlingswaldes; es war ein dunkler und sehr gefährlicher Ort. An einigen Stellen war das Unterholz so dicht, dass nie ein Sonnenstrahl den Boden berührte.

Es war die Heimat der Hoffnichtse – kleiner, listiger Wesen mit gelben Augen. Hoffnichtse waren nicht stark, aber sie waren schlau, und es gab sehr viele von ihnen. Manche Menschen glaubten, dass die Hoffnichtse verirrte Reisende waren, die die Dunkelheit verwandelt hatte. Aber keiner wusste es ganz genau.

»Reisen wir allein?« Carlisle war es, der das fragte. Es war eine merkwürdige Frage, wenn man bedachte, dass es der Stärkste von den dreien war, der sie stellte. Sein grimmiges Schwert war im ganzen Königreich

wohlbekannt. Aber selbst dieser eisenharte Soldat wusste, dass man besser nicht allein durch den Schierlingsforst reiste.

»Ihr dürft jeder einen Begleiter wählen.«

»Aber der Wald ist dunkel. Die Bäume verfinstern den Himmel. Wie sollen wir da das Schloss finden?« Jetzt war es Alon, der sprach. Er war nicht so stark wie Carlisle, aber dafür schneller. Er war berühmt für seine Schnelligkeit. Bei seinen Kämpfen ließ Alon rechts und links verwirrte Feinde hinter sich, denen er entkommen war, indem er sich hinter Bäume duckte oder flink über eine Mauer schwang. Aber die größte Schnelligkeit nützt nichts, wenn man nicht weiß, wohin man will. Daher fragte Alon: »Wie finden wir den Weg?«

Der Prinz nickte dazu und griff in seine Tasche. Er zog eine Flöte aus Elfenbein hervor. »Es gibt nur zwei von diesen Flöten«, erklärte er. »Diese hier und eine zweite, die im Besitz des Königs ist.«

Er setzte das Instrument an seine Lippen und spielte eine zarte, wohlklingende Melodie. Noch nie hatten die Ritter eine Melodie gehört, die so viel Ruhe ausstrahlte. »Die Flöte meines Vaters spielt dieselbe Melodie. Sie wird euch den Weg zum Schloss weisen.«

»Wie das?«, frage Alon.

»Dreimal am Tag wird der König auf den Zinnen des Schlosses spielen. Bei Sonnenaufgang, wenn die Sonne am höchsten steht und bei Sonnenuntergang. Lauscht auf diese Melodie. Folgt ihr, und ihr werdet zum Schloss gelangen.«

»Es gibt nur noch eine weitere Flöte wie diese?«

»Ja, nur eine.«

»Und Ihr und Euer Vater spielt die gleiche Melodie?«

»Ja.«

Es war Cassidon, der diese Fragen stellte. Cassidon war bekannt für seine wache Aufmerksamkeit. Ihm fiel auf, was anderen entging. Er konnte sagen, wo ein Reisender wohnte, wenn er den Dreck an seinen Stiefeln sah. Er wusste, ob jemand die Wahrheit sagte – nur von einem Blick in seine Augen. Er konnte bestimmen, wie groß eine Armee war, wenn er die Anzahl der Vögel betrachtete, die sie aufschreckte.

Carlisle und Alon wunderten sich, warum er sich nach der Flöte erkundigte. Es sollte nicht lange dauern, bis sie es herausfanden.

»Bedenkt die Gefahren und wählt Euren Begleiter sorgfältig aus«, mahnte der Prinz. Und das taten sie. Am nächsten Morgen schwangen sich die drei Ritter auf ihre Pferde und ritten in den Schierlingsforst. Jeder hatte den von ihm selbst ausgewählten Begleiter bei sich.

Das Klopfen erschreckte Lucas. Er sah von seinem Buch hoch. Sein Cousin stand in der Tür. »Alle gehen zu Bett«, flüsterte er. »Ich komme in ein paar Minuten wieder.« Dann sagte er möglichst laut, damit alle es hören konnten: »Gute Nacht, Lucas. Wir sehen uns dann morgen früh.«

Für die Menschen, die auf dem Schloss des Königs wohnten, vergingen die Tage des Wartens langsam. Alle hatten von der Prüfung gehört. Und alle fragten sich, welcher Ritter wohl die Hand der Prinzessin erringen würde. Dreimal am Tag ließ der König seine Melodie über den Bäumen des Schierlingsforstes erklingen. Und dreimal am Tag hielten die Menschen in ihrer Arbeit inne, um ihr zu lauschen.

Nach vielen Tagen und zahllosen Melodien sah ein Wächter zwei Menschen, die aus dem Wald heraus auf die Lichtung stolperten. Niemand konnte sagen, wer die beiden waren. Sie waren noch zu weit vom Schloss entfernt. Die Männer hatten weder Pferde noch Waffen oder Rüstung.

»Rasch«, befahl der König seiner Wache, »bringt sie her. Versorgt sie und gebt ihnen zu essen, aber sagt niemandem, wer sie sind. Kleidet den Ritter wie einen Prinzen, und dann werden wir ihre Gesichter bei dem Festmahl heute Abend sehen.«

Dann schickte er die Menge davon und befahl, das Fest vorzubereiten.

An diesem Abend erfüllte eine festliche Stimmung die große Halle des Schlosses. Die Gäste an allen Tischen fragten sich, welcher Ritter wohl die Reise durch den Schierlingsforst überstanden hatte.

Dann kam endlich der Moment, in dem der Sieger vorgestellt wurde. Auf das Zeichen des Königs hin wurden die Menschen still, und der König spielte auf seiner Flöte. Noch einmal ertönte das elfenbeinerne Instrument. Die Menschen drehten sich zur Tür, um zu sehen, wer den Saal betrat.

Viele erwarteten, sie würden Carlisle begrüßen, den Stärksten unter den drei Bewerbern. Andere meinten, es wäre Alon, der Schnellste. Aber es war keiner von beiden. Der Ritter, der die Reise überstanden hatte, war Cassidon, der Weiseste von ihnen.

Er ging mit schnellen Schritten durch den Raum und folgte ein letztes Mal der Melodie der Flöte. Dann verneigte er sich vor dem König.

»Erzählt uns von Eurer Reise«, wurde ihm befohlen. Die Menschen lehnten sich vor, um keines seiner Worte zu verpassen.

»Die Hoffnichtse waren heimtückisch«, begann Cassidon. »Sie griffen uns an, aber wir widerstanden ihnen. Sie nahmen uns unsere Pferde, aber wir zogen ohne sie weiter. Was uns beinahe scheitern ließ, war etwas viel Schlimmeres.«

»Was war das?«, fragte die Prinzessin.

»Sie ahmten die Melodie nach.«

»Sie ahmten sie nach?«, fragte der König.

»Ja, mein König. Sie ahmten sie nach. Jedes Mal, wenn Eure Flöte im Wald erklang, begannen Hunderte von Flöten zu spielen. Überall um uns herum hörten wir Musik – sie kam aus allen Richtungen.

Ich weiß nicht, was aus Carlisle und Alon wurde«, fuhr er fort, »aber ich weiß, dass Stärke und Schnelligkeit nicht dabei helfen, die richtige Melodie herauszufinden.«

Der König stellte die Frage, die allen auf den Lippen brannte: »Wie habt Ihr dann meine Melodie erkannt?«

»Ich habe den richtigen Begleiter gewählt«, antwortete er und winkte seinem Begleiter zu, dass er eintreten solle. Alle holten hörbar Luft. Die Tür öffnete sich, und der Begleiter trat ein. Es war der Prinz – und in seiner Hand trug er die Flöte.

»Ich wusste, dass es nur noch einen Menschen gibt, der die Melodie genauso spielt wie Ihr«, erklärte Cassidon. »Und deshalb bat ich ihn, mich zu begleiten. Während wir reisten, spielte er. Ich lernte dadurch Eure Melodie so gut kennen, dass ich Eure Flöte auch unter Tausenden von falschen heraushören konnte. Ich kannte Eure Melodie, und dieser Melodie bin ich gefolgt.«

Als Lucas das Buch schloss, fiel ein Zettel heraus. Er hob ihn auf.

»Folge der Melodie des Königs, Lucas. In Liebe, Jan.«

»Ja, Jan, genau das werde ich tun«, beschloss Lucas laut. »Genau das werde ich tun.«

Ein paar Minuten später spähte sein Cousin durch die Tür. »Komm, Lucas, verschwinden wir.«

»Ich komme nicht mit.«

»Was? Komm, sei kein Spielverderber. Wir werden viel Spaß haben.«

»Nein, danke.« Lucas' Stimme blieb fest. »Ich bleibe hier.«

Und dann fügte er mit einem Lächeln hinzu: »Ich habe Musik dabei, die ich mir anhören will.«

Das Geheimnis des Wachsens

Doch er kennt meinen Weg genau;
wenn er mich prüfte,
wäre ich rein wie Gold.
Hiob 23,10

Eric blickte zu Lucas und Sarah hinüber, als die beiden das Café betraten.

»Wisst ihr, was wir hier sollen?«, fragte er.

»Keine Ahnung«, antwortete Lucas und setzte sich. »Wir hatten eine Nachricht von Jan auf dem Anrufbeantworter, er würde uns heute Morgen um 9.00 Uhr hier treffen. Also sind wir hier.«

»Vielleicht will er uns nur zum Frühstück einladen«, vermutete Sarah und warf schon einen sehnsüchtigen Blick auf das Angebot an der Theke.

»Glaub ich nicht. Er sagte mir, ich soll mich darauf einstellen, schmutzig zu werden«, sagte Eric.

Lucas hielt ein Paar Arbeitshandschuhe hoch. »Jan hat sogar gesagt, dass ich die mitbringen soll.«

»Das ist richtig komisch«, stellte Sarah fest. »Ein Treffen ohne Grund – und das am Samstagmorgen?«

»Natürlich gibt es einen Grund.« Die Stimme gehörte Jan. Sie hatten nicht bemerkt, wie er das Restaurant betreten hatte. Er nahm sich einen Stuhl und setzte sich, dabei legte er eine Leinentasche auf den Tisch.

»Was gibt es denn so Geheimnisvolles, Jan?«, fragte Eric.

»Ja«, fuhr Lucas fort, »warum wolltest du uns hier treffen? Und warum sollten wir Arbeitssachen tragen?«

»Dafür gibt es mehrere Gründe«, begann Jan. »Der erste heißt Amanda, der zweite sind die ›Piraten‹ und der dritte ist das Schultheaterstück.«

Die drei Kinder sahen Jan an, überrascht und auch ein wenig beschämt. Lucas sprach als Erster.

»Wer hat dir von Amanda erzählt?«

»Dein Vater.«

»Was hat er gesagt?«

»Dass sie dich für einen Basketballer hat sitzen lassen.«

Lucas sah auf den Tisch. »Dumm gelaufen. Der Typ ist ein Idiot.«

»Na ja«, tröstete Jan, »du bist nicht der Einzige, der in dieser Woche links liegen gelassen wurde.« Er sah Eric an.

»Das Spiel gegen die ›Piraten‹?«, fragte Eric.

»Wollte dein Bruder nicht eigentlich dich mitnehmen?«

»Ja, aber dann hat er seine Meinung geändert. Wollte lieber seine Freundin mitnehmen.«

»Wahrscheinlich Amanda«, kicherte Sarah.

Jan antwortete so schnell, dass keiner der beiden Jungen etwas darauf erwidern konnte. »Deine Woche war auch nicht gerade berauschend, oder, Sarah?«

»Hat Hanna dir das erzählt?«

»Ja.«

»Ich habe in unserem Schultheaterstück doch nicht

die Hauptrolle bekommen, Jan. Ich habe zwei Monate dafür geprobt und dann nur eine ganz kleine Rolle mit ganz wenig Text bekommen.«

Lucas begann zu begreifen, was es mit diesem Treffen auf sich hatte. »Du hast doch etwas vor, Jan, gib's zu. Du wusstest, dass jeder von uns in dieser Woche ein paar schwierige Dinge erlebt hat ...«

»Ich habe euch etwas mitgebracht.«

»Ein Geschenk, damit wir den Ärger vergessen?«, warf Sarah ein.

»Nein, ein Geschenk, das euch hilft, dies alles besser zu verstehen«, erklärte Jan. Er griff in die Leinentasche und reichte jedem Kind einen anderen Gegenstand.

»Für dich, Lucas, habe ich hier einen Klumpen Ton. Eric, für dich habe ich ein Stück Holz mitgebracht. Und für dich, Sarah, ein brandneues Pferdezaumzeug.«

Die drei starrten die merkwürdigen Objekte an.

Lucas sprach als Erster. »Hmm, danke, Jan. Genau, was ich mir schon immer gewünscht habe ... ein Klumpen Ton.«

Eric begriff, dass Jan etwas Bestimmtes vorhatte. »Nun mach schon, Jan. Was soll das alles?«

»Hier ist ein Tipp«, sagte Jan und legte das Buch der Geheimnisse auf den Tisch. Er nahm den Schlüssel vom Hals. Er öffnete das Buch und schob es zu Eric hinüber. »Lies uns mal das Rätsel auf dieser Seite vor.«

Wenn ich gegangen bin, bist du froh, dass ich kam,
aber wenn ich da bin, wünschst du, dass ich ginge.
Es schmerzt, wenn ich helfe.

Ich dehne dich, wenn ich dich stärke.
Wer bin ich?

Eric, Sarah und Lucas sahen einander verwirrt an.

Jan grinste. »Das ist schon okay. Ich habe für jeden von euch eine Aufgabe, die euch dabei helfen soll, die Antwort auf das Rätsel zu finden. Auf jedem Zettel steht eine Adresse. Geht dorthin und sagt, dass ich euch geschickt hätte. Sie sagen euch dann, was ihr tun sollt. Ich treffe euch in vier Stunden wieder hier.«

Die drei schauten sich an und lächelten. »Hört sich nach einer Menge Spaß an!«, sagte Sarah.

»Ja, gut«, sagte Eric langsam. »Aber ich hab keine Ahnung, was ich von einem Stück Holz über ein verpasstes Baseballspiel lernen kann.«

»Oder was dieser Klumpen Ton mir über Mädchen beibringen kann«, stimmte Lucas zu.

»Vertraut mir einfach«, lächelte Jan.

Sarah hatte es nicht weit bis zu der Adresse auf ihrem Zettel. Es war der Reitstall, der im Park am Stadtrand lag.

»Ich heiße Sarah«, sagte sie der Frau am Eingang.

»Oh, dann bist du das Mädchen, von dem Jan mir erzählt hat. Hast du das Zaumzeug mitgebracht?«

Sarah hielt es hoch, sodass die Frau es sehen konnte.

»Prima. Geh einfach den Weg zur Weide hinter dem Stall runter und warte dort.«

Als sich Sarah dem Weg zuwandte, fügte sie noch hinzu: »Viel Spaß beim Lernen.«

Der Trainer war schon auf der Weide, als Sarah ankam. »Hallo. Ich bin Willem … und das hier ist Donner«, sagte er und zeigte auf ein dunkelgraues Fohlen, das auf dem mit Gras bewachsenen Boden hin und her trabte.

»Bist du bereit? Können wir anfangen?«

Sarah sah zu Willem und dann zum Fohlen und wieder zu Willem, der bereits über den Holzzaun kletterte.

»Klar!«, sagte sie. »Aber was machen wir hier eigentlich?«

»Das wirst du gleich sehen«, sagte Willem. »Folge mir einfach, aber beweg dich nicht zu schnell, wenn wir in Donners Nähe kommen.«

Zu der Zeit, als Sarah das erste Mal über Donners Mähne strich, saß Eric auf seinem Fahrrad an einer Straßenecke und las den Zettel, den Jan ihm gegeben hatte. »Fahr zur Kreuzung Hoppers und Bluefield«, stand darauf. Und genau da war er. *Und was soll ich jetzt machen?*, dachte er.

Bevor er sich noch seine eigene Frage beantworten konnte, tippte ihm jemand auf die Schulter. »Bist du Eric?«

Er drehte sich um. Hinter ihm stand ein Polizist. »Jawohl.«

»Hast du dein Taschenmesser mitgebracht?«

»Jawohl.«

»Dann komm mit.«

»Kennen Sie Jan?«

»Ich kenne Jan«, antwortete der Mann, drehte sich um und ging davon. Als er sah, dass Eric sich nicht vom Fleck rührte, blieb er stehen.

»Komm schon, sonst kommen wir zu spät.«

Eric schob sein Fahrrad einige Meter hinter dem Polizisten her. Der Mann erklärte nicht, wohin sie gingen, und Eric traute sich nicht zu fragen.

Nach ein paar Minuten hielten sie vor einem großen Gebäude an. Der Polizist ging hinein, aber Eric blieb davor stehen. Der Beamte drehte sich wieder um und wandte sich an Eric. »Ist schon in Ordnung. Komm rein.«

Über der Eingangstür stand: »Polizeirevier Bluefield.«

Lucas' Zettel führte ihn zu einem Haus, das nicht weit von seinem eigenen entfernt lag. Wenn er die Abkürzung zur Schule nahm, fuhr er sogar direkt daran vorbei. Es war ein einfaches Haus mit hohen Bäumen und einem großen Garten. Am Zaun hing ein Schild: »Künstlerisches Gestalten – Kurse täglich«. Sogar von der Straße aus konnte man den großen Schuppen hinten im Garten sehen. Er hatte sich schon oft gefragt, was da wohl drin sei.

»Das werde ich wohl heute herausfinden«, sagte er zu sich selbst, legte sein Fahrrad ins Gras und ging zur Haustür.

Auf sein Klopfen hin öffnete eine Frau mit einer langen Schürze die Tür. Sie war jung. Etwa so alt wie seine Englischlehrerin, die gerade erst ihr Studium beendet hatte. »Ja?«, fragte sie.

Lucas schaute auf seinen Zettel. »Frag nach Pamela«, stand darauf. Das tat er. »Ich suche Pamela.«

»Das bin ich. Du musst Lucas sein. Du bist größer, als ich gedacht habe.«

Lucas richtete sich gerade auf. »Komm mit«, sagte

sie. »Jan hat mir von dir erzählt. Lass mal sehen, was du mitgebracht hast.«

Er gab ihr den Ton, und sie sah ihn sich genau an. »Der ist gerade richtig, um eine Schale daraus zu machen«, stellte sie fest, als sie den Schuppen betraten.

Im ganzen Raum verteilt saß etwa ein halbes Dutzend Leute, Rücken an Rücken auf Schemeln, in ihre Arbeit vertieft.

»Ich habe dir die Scheibe in der Ecke reserviert«, erklärte Pamela und führte Lucas zu einem Arbeitstisch am Fenster. »Aber bevor es damit losgeht, müssen wir den Ton erst vorbereiten.«

»Hmm, und was machen wir da genau?«

»Jan hat mir gesagt, ich soll dir etwas über das Töpfern beibringen.« Und mit einem Zwinkern im Auge fügte sie hinzu: »Probleme mit Mädchen? Beginnen wir mit kneten.«

»Beten?«

»Nein, *kneten*. Damit bereitet man den Ton für die Scheibe vor. Hier, nimm das und leg es auf den Tisch«, wies sie an und reichte Lucas den Tonklumpen.

Immer noch verwirrt, tat Lucas, was sie ihm gesagt hatte.

»Jetzt drück ganz fest mit deinem Handballen darauf. Zieh ihn auseinander, falte ihn wieder und fang wieder von vorn an. Drück so fest zu, wie du kannst. Je stärker du drückst, desto fester wird er. Ich komme in ein paar Minuten wieder.«

Auf der Fensterbank sah Lucas verschiedene Schalen, Teller und Vasen stehen. »Mache ich so etwas?«

»Wir versuchen es.«

Bald schon hatte Lucas den geheimnisvollen Grund für diesen Ausflug vergessen und war ganz in der wundersamen Welt des Töpferns versunken.

Später, am Nachmittag, wieder im Café angekommen, berichtete Lucas als Erster von seinen Erfahrungen. Er war ganz begeistert von der Töpferscheibe, und um sie vor allem drehte sich sein Bericht für Jan, Eric und Sarah.

»Es ist eine flache Scheibe, die sich dreht«, erklärte er und bewegte seine Hände im Kreis. »Pamela sagt, dass es ganz wichtig ist, den Ton genau in der Mitte auf der Scheibe zu platzieren. Wenn das nicht der Fall ist, fliegt der Ton runter. Aber wenn er genau richtig platziert ist, kann man ihn so formen, wie man es will!

Ich habe eine Weile gebraucht, bis ich ein Gefühl dafür hatte, aber dann konnte ich mit meiner Hand den Ton so führen, dass er die Form annahm, die ich wollte. Wenn ich fester zudrückte, wurde der Ton höher. Wenn ich weniger Druck ausübte, wurde er weiter. Pam hat mir gezeigt, wie man ein Loch hineinmodelliert und einen Rand formt – und das ist daraus geworden!«

Stolz zeigte Lucas eine kleine Schale. »Nächste Woche lasieren wir sie!«, verkündete er.

»Kann ich jetzt erzählen, was ich getan habe?«

»Na klar, Sarah«, nickte Jan.

Sarah griff in ihre Tasche und zog ein Foto hervor, auf dem sie mit dem aufgezäumten Donner zu sehen war.

»Du bist geritten?«, fragte Eric.

»Nein, ich habe dem Trainer geholfen, das Fohlen

an das Zaumzeug zu gewöhnen. Es hat noch nie einen Sattel oder so etwas getragen. Also haben wir es heute Morgen mit dem Halfter bekannt gemacht, der wie das Zaumzeug über seinen Kopf geht, aber kein Gebiss hat.«

»Was hat es denn getan, als ihr das erste Mal versucht habt, ihm das anzulegen?«, fragte Jan.

»Es hat versucht wegzulaufen, aber Willem hat es festgehalten.«

»Und dann?«

»Donner hat immer den Kopf eingezogen, aber dann habe ich es doch über seine Ohren gekriegt, und wir haben ihn laufen lassen, bis er sich an das Halfter gewöhnt hatte.

Aber als wir das Halfter gegen das Zaumzeug ausgetauscht haben, hat ihm das überhaupt nicht gefallen! Wir haben fünfzehn Minuten gebraucht, bis wir ihm das übergezogen hatten. Aber dann haben wir ihn auch das Zaumzeug tragen lassen, bis es ihn nicht mehr störte. Dann haben wir es ihm wieder abgenommen und ihn zum Mittagessen in die Scheune geschickt.«

»Und warum habt ihr das alles gemacht?«, fragte Eric.

»Willem hat gesagt, dass Donner nie zahm genug zum Reiten wird, wenn er das nicht lernt. Und ohne das Gebiss im Maul würde er nie den Befehlen seines Reiters gehorchen.«

»Erzähl uns noch, wo du warst, Eric«, forderte Jan ihn auf.

»Nun, zuerst hatte ich Angst. Ein Polizist hat mich

ins Untergeschoss des Polizeireviers gebracht. Dort saßen vier Typen mit Messern auf Bänken.«

»Waren das Ganoven?«, fragte Sarah.

»Nein, das waren auch Polizeibeamte. Sie saßen da und schnitzten Holz. Sie treffen sich da jeden Samstag, bevor sie ihre Schicht anfangen. Es ist ihr Hobby.«

»Was hast du gemacht?«, warf Jan ein.

»Nun, ich bin noch nicht fertig«, erwiderte Eric und griff dabei in eine Tasche. »Es soll eine ...«

»... Ente werden!«, unterbrach ihn Sarah.

»Ja«, strahlte Eric, »ich mache eine Ente. Zuerst haben wir die Umrisse mit Kreide auf das Holz gemalt. Dann haben wir die großen Stücke weggeschnitten. Und dann haben sie mir gezeigt, wie man die Details schnitzt. Sie sagten, dass es ganz wichtig ist, das Holz abzuschmirgeln. Es bekommt dann eine ganz glatte Oberfläche.«

»Ja, man schmirgelt alle rauen Stellen weg«, fügte Jan hinzu. »Es ist fast so, wie wenn man einem Pferd beibringt, ein Zaumzeug zu tragen, damit der Reiter hinterher einen angenehmen Ritt hat, oder, Sarah?«

»Ja.«

»Es ist auch wie beim Tonkneten, damit der sich hinterher gut formen lässt, richtig Lucas?«

»Ja, Jan«, antwortete Lucas und spürte wieder, dass irgendetwas im Busche war. Er hatte recht.

Jan lehnte sich vor, öffnete noch einmal das Buch der Geheimnisse und sagte: »Hier steht, was ihr lernen solltet.« Dann bat er Sarah, die Worte vorzulesen.

»Liebe Brüder und Schwestern! Betrachtet es als

Grund zur Freude, wenn euer Glaube immer wieder hart auf die Probe gestellt wird. Denn durch solche Bewährungsproben wird euer Glaube fest und unerschütterlich« (Jakobus 1,2.3).

Jan lehnte sich vor und nahm Lucas' Schale in die Hand. »Ja, ich wollte gern, dass ihr Folgendes versteht«, sagte er. »Heute Morgen gab ich euch einige nutzlose Dinge: ein Stück Holz, einen Tonklumpen und ein Zaumzeug. Ihr habt sie genommen und sie in die geschickten Hände eines Holzschnitzers, eines Töpfers und eines Trainers gelegt. Und mit ein bisschen Zeit in den richtigen Händen ist aus einem nutzlosen Gegenstand etwas Nützliches geworden.«

Sarah blickte ihn verwirrt an. »Das verstehe ich nicht. Meinst du, dass die Mädchen Lucas nicht mehr abservieren, wenn er dem Ton eine schöne Form gibt?«

»Nein«, sagte Jan lächelnd, »ich meinte, dass Lucas der Ton ist. Eric ist das Holz. Du bist das junge Pferd. Wir werden alle vom Meister geformt.«

»Oh«, lächelte Eric. »Ich hab's verstanden. Wir werden von Gottes Händen geformt.«

»Stimmt haargenau. Wir sind in Gottes Händen, und er führt uns, wie du das Pferd geführt hast, Sarah. Er formt uns so, wie du diese Schale geformt hast, Lucas. Gott schnitzt uns zurecht, so wie du es bei dem Holz getan hast.«

»Ohhh«, sagten Lucas und Eric gleichzeitig.

»Ich verstehe es immer noch nicht«, sagte Sarah. »Gott hilft mir, indem ich nicht die Hauptrolle in dem Schulstück bekommen habe?«

»Sarah«, erwiderte Jan, »Gott kann alles nutzen, damit du daran wächst.«

»Wachstum!«, fuhr es aus Lucas heraus. Die anderen drei drehten sich um und starrten ihn an.

»Wachstum.« Lucas lächelte. »Das ist die Antwort auf das Rätsel. Wachsen tut weh, auch wenn es hilft. Beim Wachsen dehnt sich etwas aus, wenn es stärker wird.«

»Ja, richtig«, fiel Eric ein. »Und wenn du wächst, gefällt es dir nicht. Aber wenn es vorbei ist, bist du froh, dass es passiert ist.«

»Bravo!« Jan lächelte. »Es sieht so aus, als ob ihr das Geheimnis des Wachsens begriffen hättet. Wollt ihr es lesen?«

Sarah meldete sich zuerst: »Ich schon.«

Jan reichte ihr das Buch der Geheimnisse und zeigte ihr das Geheimnis, das sie vorlesen sollte. *»Was heute wehtut, hat morgen einen Sinn.«*

Jan sah die drei an und sagte: »Das nächste Mal, wenn es mal wieder mit einem Mädchen oder einem Spiel oder etwas anderem nicht klappt, denkt daran, dass ihr in Gottes Hand seid. Er macht euch zu etwas ganz Besonderem. Und er macht keine Fehler.«

Das Geheimnis der Liebe

Eine tüchtige Frau –
wer findet sie schon? Sie ist
wertvoller als viele Juwelen!
SPRÜCHE 31,10

Ich muss dich warnen, Leser, bevor du beginnst. Diese Worte sind uralte Juwelen, die in der Mine meines Lebens gewonnen wurden. Lies sie nur, wenn du bereit bist, sie wertzuschätzen. Denn es wäre besser, sie nicht zu kennen, als sie zu kennen und ihnen nicht zu folgen.

Die Hand, die diese Worte schreibt, ist alt, und sie trägt Spuren von Sonne, Regen und harter Arbeit. Aber der Verstand, der sie lenkt, ist weise –

weise an Jahren
weise durch Misserfolge
weise durch Kummer.

Ich bin Asmara, Händler mit kostbaren Steinen.

Er hatte ein wettergegerbtes Gesicht«, hatte Jan zu Eric gesagt, »und einen schneeweißen Bart. Die Falten um seine Augen herum waren tief in die Haut eingegraben. Er trug einen schwarzen Hut mit einer schmalen Krempe und hatte einen Stock aus Ebenholz bei sich, dessen Knauf die Form eines Rabenkopfes hatte.

Wir lernten uns in einer Hafenstadt in Marokko kennen und wurden Freunde. Wir begegneten uns einen Sommer lang jeden Morgen in einem Café. Wir trafen uns, zuerst nur zufällig, dann aber gezielt, um uns zu unterhalten. Er war fast neunzig Jahre alt – ein Reisender am Ende eines langen Lebens. Ich war noch nicht mal zwanzig, ein junger Missionar auf seiner ersten Reise.«

»Und – was hast du von ihm gelernt?«, hatte Eric gefragt.

»Er erzählte mir von dem einen Edelstein, den er nie besessen hat.«

»Was war das denn?«

»Lies selbst und finde es heraus. Ich war von seiner Geschichte so bewegt, dass ich ihm mein Tagebuch gegeben habe mit der Bitte, sie aufzuschreiben. Die Worte, die du hier liest, sind seine. Aber was du daraus lernst, wird dir gehören. Wenn du es willst.«

Eric wollte unbedingt weiterlesen. Er brauchte dringend einen guten Rat. An diesem Morgen hatte er seine Baseballkameraden in der Umkleidekabine in ungewöhnlicher Stimmung angetroffen. Alle hockten auf dem Boden um etwas herum. »Was ist los?«, fragte er und versuchte, ihnen über die Schulter zu spähen.

Keiner antwortete; die anderen kicherten nur und luden ihn ein, sich ebenfalls hinzusetzen. Auf dem Boden stand ein Karton mit Zeitschriften – lauter Zeitschriften mit Bildern nackter Frauen. »Los doch, Eric, nimm dir auch eine«, drängte ihn einer der anderen Jungen. »Die habe ich im Schrank meines Bruders gefunden.«

»Ja, mach schon, Eric. Da ist doch nichts dabei«, sagte ein anderer.

»Komm schon, Eric. Das merkt doch keiner.«

»Vielleicht später«, war alles, was ihm dazu einfiel, und er verdrückte sich, so schnell es ging, auf das Spielfeld.

Später hatte er Jan davon erzählt und eingestanden, dass ihn das Ganze verwirrt hatte. »Vielleicht hatten die anderen doch recht. Es sind doch nur Bilder.«

Aber Jan antwortete sehr deutlich. Er sprach, als ob er genau wusste, was da auf Eric zukam. »Sei vorsichtig, Eric. Lust zieht sich verlockend an, um dem Käufer zu gefallen.«

»Was?«

»Was du heute Morgen erlebt hast, kann dein Glück zerstören.«

»Es war doch nur eine Zeitschrift.«

Aber Jan blieb entschieden: »Es war nicht nur eine Zeitschrift, Eric. Es war eine *schlechte* Zeitschrift. Eine Zeitschrift, die eine Lüge verbreitet.«

»Eine Lüge?« Eric war von Jans Entschiedenheit überrascht.

»Richtig, eine Lüge. Eine Lüge über Liebe und Schönheit. Hör mir zu, Eric. Liebe ist viel mehr als ein hübsches Gesicht oder ein schöner Körper. Liebe kommt von innen, nicht von Äußerlichkeiten.«

Als Jan aufhörte zu reden, gab er Eric den Schlüssel und das Buch und schickte ihn in den Park, um die Geschichte zu lesen. Eric suchte sich eine leere Bank, setzte sich und schlug das Buch auf. Die Handschrift lief breit über die Seite.

Ich bin Juwelenhändler. Ich reise von Stadt zu Stadt. Ich kaufe in einem Land Edelsteine von den Schürfern und verkaufe sie in einem anderen an die Händler. Ich habe Nächte auf stürmischer See überstanden. Ich bin tagelang durch glutheiße Wüsten gezogen. Ich habe mit Königen gespeist. Ich habe mit Bettlern getrunken. Meine Hände hielten die schönsten Rubine und streichelten die kostbarsten Pelze. Aber ich hätte alles hingegeben für das eine Juwel, das ich nie besaß.

Es lag nicht daran, dass ich nie die Gelegenheit hatte, es in meinen Händen zu halten. Ich hätte sie einmal gehabt, in Madrid, als ich noch jung war. Nein, es war kein Mangel an Gelegenheit. Es war ein Mangel an Weisheit. Ich hielt das Juwel in meiner Hand, aber ich tauschte es gegen eine Fälschung ein. Und nun fürchte ich, dass meine Tage sich dem Ende zuneigen und ich niemals die Schönheit dieses kostbaren Steins erfahren werde.

»Was für einen Stein meint er denn wohl?«, fragte sich Eric im Stillen und blätterte um. Die Antwort stand in der ersten Zeile der neuen Seite. Die Schrift war dicker und die Worte unterstrichen.

Ich habe niemals wahre Liebe gekannt. Ich habe Umarmungen erhalten. Ich habe Schönheit gesehen. Aber ich habe nie Liebe gekannt.

Hätte ich doch nur gelernt, die Liebe zu erkennen, wie ich es gelernt habe, Edelsteine zu erkennen.

Mein Vater brachte mir alles über die Steine bei. Er

schliff Edelsteine. Er legte vor mir ein Dutzend Smaragde auf den Tisch. »Nur einer ist echt«, sagte er dann zu mir. »Die anderen sind Fälschungen. Finde den echten Stein.«

Ich überlegte hin und her und betrachtete dabei jeden Stein ganz genau. Dann wählte ich einen aus. Ich irrte mich jedes Mal.

»Das Geheimnis«, sagte mein Vater dann, »liegt nicht im Äußeren des Steins, es ist im Inneren zu finden. Ein echter Edelstein leuchtet von innen. Tief verborgen im Stein ist eine Flamme. Die Oberfläche kann man immer auf Hochglanz polieren, aber der Glanz nimmt mit der Zeit ab. Bei einem Stein, der von innen her strahlt, wird der Glanz nie vergehen.«

Mit den Jahren lernte ich, die echten Steine zu erkennen. Man kann mich nicht täuschen. Die Steine, die ich einkaufe und verkaufe, sind echt. Ich habe gelernt, das Licht im Inneren zu erkennen.

Wenn ich das doch auch bei der Liebe gelernt hätte.

Aber ich bin töricht gewesen, und ich habe mich täuschen lassen.

Ich habe mein Leben an Orten verbracht, an denen ich nicht hätte sein sollen, auf der Suche nach einer Frau mit funkelnden Augen, schönem Haar, einem strahlenden Lächeln und eleganten Kleidern. Ich habe nach einer Frau mit äußerer Schönheit gesucht. Ich habe nicht auf das Innere geachtet. Und nun spüre ich nur noch die Leere.

Einmal hatte ich sie fast gefunden. Vor vielen Jahren traf ich in Madrid die Tochter eines Bauern. Sie war ein einfaches Mädchen. Aber ihre Liebe war rein. Ihre Augen ehrlich. Aber sie sah schlicht aus. Sie hätte mich geliebt. Sie hätte in jeder Situation zu mir gestanden. In ihr sah ich den Glanz einer Hingabe, den ich seither nie mehr sah.

Aber ich suchte weiter, nach einer Frau, deren Schönheit besonders, bemerkenswert war.

Wie oft habe ich mich seitdem nach dem gütigen Herzen dieses Bauernmädchens gesehnt, nach ihrem freundlichen Lächeln, nach ihrer Aufrichtigkeit. Hätte ich doch damals gewusst, dass man die wahre Schönheit innen findet, nicht außen. Hätte ich das gewusst, wie viele Tränen hätte ich mir erspart!

Ich würde auf der Stelle tausend seltene Juwelen eintauschen gegen das aufrichtige Herz einer Frau, die mich wirklich geliebt hätte.

Hör also auf meinen Rat, Leser. Sieh dir die Steine genau an, bevor du deine Börse öffnest. Der wahre Glanz kommt von innen, und er vertieft sich mit der Zeit.

Hör auf meine Warnung. Such nach dem reinsten Juwel. Blicke tief in das Innere, und du wirst die größte Schönheit finden. Und wenn du ein solches Juwel gefunden hast, halte diese Frau fest und lass sie niemals gehen.

Denn in ihr wirst du einen Schatz haben, der mehr wert ist als alle Rubine dieser Welt.

Erics Blick blieb einige Minuten an den letzten Worten hängen, dann schloss er das Buch. Er hatte gar nicht gemerkt, dass Jan und Hanna auf der Bank ihm gegenüber saßen. Er sah erst hoch, als Jan ihn ansprach.

»Als Asmara mir mein Tagebuch zurückgab, sagte er Folgendes: ›Wähl die wahre Liebe, wenn du noch jung bist; dann wirst du in deinem Alter nicht einsam sein.‹ Dann drehte er sich um und ging. Das war das letzte Mal, dass ich ihn sah, Eric. Ich werde nie vergessen, wie traurig er aussah.«

Er nahm Hannas Hand in seine. »Und ich«, fügte er hinzu, »ich werde meine Wahl niemals bereuen.«

Jan lehnte sich vor und schaute seinem jungen Freund geradewegs in die Augen: »Blättere auf die nächste Seite. Dort lernst du das Geheimnis der Liebe kennen.«

Eric tat es. Dies sind die Worte, die er las:

Suche Schönheit –
und du wirst die Liebe verpassen.
Suchst du aber die Liebe,
wirst du beides finden.

Das Geheimnis der Größe

Wer groß sein will,
der soll den anderen dienen.
Matthäus 20,26

Sarahs Tag war voller Überraschungen gewesen. Die erste kam, als sie Jans Haus verließ.

»Nimm das mit«, hatte er gesagt und ihr dabei das Buch der Geheimnisse und den Schlüssel gereicht.

»Ich soll es mit nach Hause nehmen?«

»Vielleicht brauchst du es.« Das war alles, was er dazu gesagt hatte.

Während sie nach Hause ging, wirbelte sie mit ihren Füßen das Laub hoch, das schon auf der Straße lag, und überlegte, was Jan wusste und sie nicht. Er hatte ihr noch nie sein Buch anvertraut. Sie durfte es noch nicht einmal mit in die Schule nehmen. Und jetzt sollte sie es mit nach Hause nehmen?

Als sie um die Ecke zu ihrem Haus bog, sah sie die zweite Überraschung des Tages. Das Auto ihres Vaters stand in der Einfahrt.

»Warum ist er denn schon so früh zu Hause?«, fragte sie sich.

Sie lächelte. »Er hat bestimmt etwas vor.« Sarah liebte ihren Vater. Mit ihm zusammen gab es immer irgendeinen Spaß. Morgens streuten sie draußen Brotkrümel für die Vögel. Abends hatte er immer ein Lied oder eine Geschichte auf den Lippen. Egal wie oft er so tat, als ob er sich die Nase an der Wand stoßen würde, Sarah musste immer noch darüber lachen. Manchmal überraschte er sie mit einem Besuch in der Schulcafeteria. Und einmal hatte er eine Liste mit den Namen all der Menschen an ihre Zimmerwand geheftet, die Sarah gern hatten.

Sie wusste nicht, warum er zu Hause war, aber sie freute sich, ihn zu sehen. Als sie hineinkam, sah sie ihn im Arbeitszimmer. »Papa?« Er blickte nicht auf. Er hing in seinem Bürostuhl, den Kopf auf die Hand gestützt, und schüttelte nur den Kopf.

»Papa«, fragte sie, als sie näher kam, »bist du krank?«

Er antwortete noch immer nicht.

»Was ist denn los, Papa?«

Er schaute überrascht auf. »Oh, Sarah, ich habe dich nicht hereinkommen hören.«

Er sah irgendwie grau und sehr müde aus.

»Was ist los, Papa?«

»Nichts, Schätzchen.«

»Sag mir was passiert ist.«

»Nur ein paar Probleme bei der Arbeit. Mach dir keine Sorgen.«

»Papaaa …«, Sarah dehnte das Wort und benutzte den »Komm-wir-müssen-miteinander-reden«-Tonfall. Er seufzte und hob sie auf seinen Schoß.

»Es sind nur die Leute bei der Arbeit, Sarah. Ich glaubte wirklich, ich würde eine Beförderung bekommen.«

»Eine was?«

»Ich dachte, ich bekäme einen besseren Job. Aber

mein Chef hat jetzt einen anderen für diese Position ausgewählt.«

»Warum?«

»Er sagt, ich bin nicht gut genug, dass ich nicht genug Biss habe, um wirklich nach vorn zu kommen.«

»Ist es denn wichtig, was er denkt, Papa?«

»Es tut weh, wenn Menschen so etwas sagen. Weißt du noch, wie es war, als Jennifer dich nicht zu ihrer Schlummerparty eingeladen hat?«

»Ja, ich war die Einzige, die nicht eingeladen wurde.«

»Und wie hast du dich da gefühlt?«

Sarah dachte einen Augenblick nach und antwortete dann: »Übergangen.«

»So fühle ich mich jetzt auch. Ich habe etwas verloren, was mir sehr wichtig erschien.«

Einige Augenblicke sagte niemand etwas. Sarah saß nur auf seinem Schoß und sah aus dem Fenster. Sie hatte ihren Vater noch nie so traurig gesehen. Sie hatte bisher nicht gewusst, dass Erwachsene so entmutigt sein konnten. Plötzlich verstand sie, warum Jan ihr das Buch geliehen hatte.

Sie rutschte vom Schoß ihres Vaters und holte es aus ihrem Rucksack. »Ich will dir eine Geschichte vorlesen, Papa.«

»Du willst mir eine Geschichte vorlesen?«

»Ja, diese Geschichte hat Jan mir gezeigt.« Sie kletterte zurück auf seinen Schoß und begann zu lesen.

Die Wemmicks

Die Wemmicks sind ein kleines Volk von Holzpuppen. Alle Holzpuppen wurden von dem Holzschnitzer Eli gemacht. Seine Werkstatt lag auf dem Hügel oberhalb des Städtchens.

Jeder Wemmick war anders. Einige hatten große Nasen, andere hatten große Augen. Einige waren groß, und wieder andere waren klein. Einige trugen Hüte, andere Mäntel. Aber alle waren von demselben Holzschnitzer gemacht worden, und alle lebten im Städtchen.

Den ganzen Tag, jeden Tag, taten die Wemmicks das Gleiche: Sie steckten einander Aufkleber an. Jeder Wemmick hatte eine Schachtel mit goldenen Sternchen und eine andere mit grauen Punkten. In der ganzen Stadt taten die Leute nichts anderes, als einander Sternchen oder Punkte anzustecken.

Die Schönen, deren Holz ganz glatt war und deren Farben strahlten, bekamen immer Sternchen. Aber wenn das Holz rau war und die Farbe schon abblätterte, dann vergaben die Wemmicks Punkte.

Die, die tolle Dinge tun konnten, bekamen ebenfalls Sternchen. Einige konnten große Klötze über ihre Köpfe hochheben oder über hohe Kisten springen. Andere kannten schwierige Worte oder konnten schön singen. Jeder gab ihnen Sternchen.

Einige Wemmicks hatten überall Sternchen! Immer, wenn sie ein Sternchen bekamen, fühlten sie sich besonders gut! Dann wollten sie gleich etwas Neues tun, um wieder ein Sternchen zu bekommen.

Andere konnten nur sehr wenig tun. Sie bekamen Punkte.

Punchinello gehörte dazu. Er versuchte, so hoch zu springen wie die anderen, aber immer fiel er hin. Und wenn er hinfiel, kamen die anderen dazu und gaben ihm Punkte.

Manchmal verkratzte sein Holz, wenn er hinfiel, dann bekam er noch mehr Punkte.

Wenn er versuchte zu erklären, warum er gefallen war, sagte er etwas ganz Dummes, und die Wemmicks gaben ihm wieder Punkte.

Nach einiger Zeit hatte er so viele Punkte, dass er gar nicht mehr nach draußen gehen mochte. Er hatte Angst, dass er irgendetwas Dummes machen würde, wie seinen Hut vergessen oder in eine Pfütze treten. Und dann würde er schon wieder Punkte bekommen. Er hatte schon so viele graue Punkte, dass die anderen kamen und ihm ganz ohne Grund noch mehr ansteckten.

»Er verdient die vielen Punkte«, da waren sich die anderen Holzpuppen einig. »Er ist keine gute Holzpuppe.«

Nach einiger Zeit glaubte Punchinello, was die anderen sagten. »Ich bin ein schlechter Wemmick«, sagte er.

Wenn er nach draußen ging, blieb er bei den anderen Wemmicks, die auch viele Punkte hatten. Er fühlte sich besser, wenn er mit ihnen zusammen war.

Eines Tages traf er ein Wemmick-Mädchen, das ganz anders war als alle anderen. Sie hatte keine Sternchen oder Punkte. Sie war einfach nur aus Holz. Ihr Name war Lucia.

Es lag nicht daran, dass die anderen ihr keine Aufkleber anstecken wollten. Die Aufkleber hielten einfach nicht. Einige Wemmicks bewunderten Lucia, weil sie keine Punkte hatte. Sie liefen zu ihr hin, um ihr ein Sternchen anzustecken. Aber das Sternchen fiel ab. Andere schauten auf sie herunter, weil sie keine Sternchen hatte. Sie wollten ihr Punkte anstecken. Aber auch die Punkte fielen ab.

So will ich auch sein, dachte Punchinello. Ich will nicht, dass mir irgendwer was ansteckt. Also fragte er das Wemmick-Mädchen ohne Aufkleber, wie sie das geschafft hatte.

»Das ist ganz einfach«, erwiderte Lucia. »Ich besuche jeden Tag Eli.«

»Eli?«

»Ja, Eli. Den Holzschnitzer. Ich sitze bei ihm in der Werkstatt.«

»Warum?«

»Warum findest du es nicht selbst heraus? Geh einfach den Hügel hinauf. Er ist da.« Und damit drehte sich das Wemmick-Mädchen ohne Aufkleber um und hüpfte davon.

»Aber ob er mich wohl sehen will?«, rief Punchinello. Lucia hörte ihn nicht mehr. Punchinello ging nach Hause. Er saß am Fenster und sah zu, wie die anderen draußen herumliefen und einander Sternchen und Punkte ansteckten. »Das ist falsch«, sagte er zu sich selbst. Und er beschloss, Eli zu besuchen.

Er ging den schmalen Weg den Hügel hinauf und betrat die große Werkstatt. Seine hölzernen Augen weiteten sich, als er sah, wie groß alles war. Der Hocker war so groß wie er. Er musste sich auf die Zehenspitzen stellen, um auf den Arbeitstisch zu gucken. Der Hammer war so lang wie sein Arm. Punchinello schluckte. »Hier bleibe ich nicht!«, er drehte sich zur Tür um.

Dann hörte er seinen Namen.

»Punchinello?« Die Stimme war tief und kräftig.

Punchinello blieb stehen.

»Punchinello! Wie schön, dass du da bist. Komm her und lass dich anschauen.«

Punchinello drehte sich langsam um und blickte den großen bärtigen Handwerker an. »Du kennst meinen Namen?«, fragte der kleine Wemmick.

»Aber natürlich kenne ich ihn. Ich habe dich gemacht.«

Eli bückte sich, hob ihn hoch und setzte ihn auf den Arbeitstisch. »Hmm«, sagte der Holzschnitzer nachdenklich, als er die grauen Punkte sah. »Es sieht so aus, als ob du schlechte Noten bekommen hast.«

»Ich wollte das nicht, Eli. Ich habe alles versucht.«

»Du musst dich vor mir nicht verteidigen, Kleiner. Mir ist egal, was die anderen Wemmicks denken.«

»Wirklich?«

»Ja. Und dir sollte es auch egal sein. Wer sind sie denn, dass sie Sternchen und Punkte vergeben? Sie sind Wemmicks, genau wie du. Was sie denken, ist unwichtig, Punchinello. Es ist nur wichtig, was ich denke. Und ich denke, dass du einmalig bist.«

Punchinello lachte. »Ich? Einmalig? Warum? Ich kann nicht schnell laufen. Ich kann nicht hoch springen. Meine Farbe blättert ab. Warum bin ich so wichtig für dich?«

Eli blickte Punchinello an, legte seine Hände auf die schmalen hölzernen Schultern und sagte ganz langsam: »Weil du mir gehörst. Darum bist du für mich wichtig.«

Noch nie hatte jemand Punchinello so angeschaut – schon gar nicht sein Schöpfer. Er wusste nicht, was er sagen sollte.

»Jeden Tag habe ich gehofft, dass du kommst«, erklärte Eli.

»Ich bin gekommen, weil ich jemanden getroffen habe, der keine Aufkleber hatte«, sagte Punchinello.

»Ich weiß. Sie hat mir von dir erzählt.«

»Warum bleiben die Aufkleber nicht an ihr haften?«

Der Holzschnitzer sprach ganz sanft: »Weil sie beschlossen hat, dass es wichtiger ist, was ich denke, als was die anderen denken. Die Aufkleber haften nur, wenn du es zulässt.«

»Was?«

»Die Aufkleber haften nur, wenn sie für dich wichtig sind. Je mehr du meiner Liebe vertraust, desto weniger bedeuten dir die Aufkleber der anderen.«

»Ich glaube nicht, dass ich das verstehe.«

Eli lächelte. »Das kommt noch. Das dauert ein bisschen. Du hast viele Aufkleber. Komm einfach jeden Tag zu mir, damit ich dich daran erinnern kann, wie wichtig du mir bist.«

Eli hob Punchinello von seinem Arbeitstisch und stellte ihn auf den Boden.

»Denke daran«, sagte Eli, als der Wemmick durch die Tür ging, »du bist einmalig, weil ich dich gemacht habe. Und ich mache keine Fehler.«

Punchinello blieb nicht stehen, aber in seinem Herzen dachte er: Ich glaube, er meint es ernst.

Und als er das dachte, fiel ein Aufkleber auf den Boden.

Sarah blickte zu ihrem Vater auf. Er lächelte. »Wie hast du gewusst, dass ich genau das hören musste?«

»Ich wusste es nicht. Gott hat es gewusst.«

»Nun, ich muss sagen, ich fühle mich wie Punchinello.«

»Als er die ganzen Punkte hatte?«, fragte sie.

»Nein«, antwortete er, »als der erste Punkt abfiel.«

Das Geheimnis des Lebens

Ja, freut euch und jubelt,
denn im Himmel werdet ihr
reich belohnt werden!
MATTHÄUS 5,12

Lucas schluckte schwer und faltete den Zettel zusammen. Seine Lehrerin beobachtete ihn dabei, wie er ihn in die Hosentasche steckte.

»Ist etwas nicht in Ordnung?«, fragte sie.

»Darf ich bitte gehen?«, fragte er. »Meine Schwester wartet auf dem Gang auf mich.«

»Natürlich.«

Sarahs Gesicht war tränenüberströmt. Hinter ihr stand Eric mit ernstem Gesicht und hatte ihr eine Hand auf die Schulter gelegt.

»Wie habt ihr davon erfahren?«, fragte Lucas.

»Hanna hat meine Mutter angerufen«, erwiderte Eric. »Sie hat das Schulsekretariat angerufen. Jan ist im Städtischen Krankenhaus. Sie haben ihn heute Morgen eingeliefert.«

»Etwas ist mit seinem Herzen passiert, Lucas.« Sarah begann wieder zu weinen. »Mit seinem Herzen ist etwas nicht in Ordnung.«

Hanna saß allein im Wartezimmer. Als sie Eric, Lucas und Sarah sah, lächelte sie.

»Jan wird sich freuen, euch zu sehen«, sagte sie zu ihnen.

»Dürfen wir denn zu ihm?«, fragte Lucas.

»Für ein paar Minuten schon.«

Sarah setzte sich neben Hanna. »Wird er wieder gesund werden?«

Hanna antwortete leise: »Jan ist sehr, sehr krank. Er hat ein schwaches Herz. Die Ärzte wissen es nicht genau.« Ihre Stimme klang fest, aber ihre Augen standen voller Tränen.

»Sie können jetzt zu ihm gehen.« Eine Krankenschwester stand in der Tür. Sie folgten ihr auf die Intensivstation.

Rund um die Schwesternstation waren die Krankenzimmer angeordnet. Hinter jeder Glaswand lag ein Patient. Einige trugen Verbände. Andere lagen in einem Streckverband. Andere hatten wie Jan viele Schläuche in ihren Armen und Kabel auf ihrer Haut befestigt.

Sie hatten Jan noch nie so still gesehen. Er lag auf dem Rücken, die Augen geschlossen. Über seinem Kopf stand ein Monitor, der mit jedem Herzschlag piepte. Eine Plastikmaske, die an eine Sauerstoffflasche angeschlossen war, bedeckte Mund und Nase.

»Es hilft ihm beim Atmen«, erklärte Hanna.

Lucas und Eric blieben am Fußende des Bettes stehen, aber Sarah trat an Jans Seite. Sie legte ihre kleine Hand auf seine große und drückte sie. »Kann er sprechen?«, fragte sie.

»Nicht mit der Sauerstoffmaske«, erwiderte Hanna, »aber er kann euch hören.« Er öffnete die Augen.

»Sieh mal, wer dich besucht.« Hanna versuchte fröhlich zu klingen.

Jan zog die Augenbrauen hoch. Eric und Lucas gingen um das Bett herum und stellten sich an die Seite ihres alten Freundes. Sie hatten ihn noch nie so müde und schwach gesehen. Er öffnete seine Hand, und Eric und Lucas nahmen sie beide. Sie wussten nicht, was sie sagen sollten. Also schwiegen sie alle. Jan ließ seine Augen von einem zum anderen wandern.

Nach einigen Augenblicken hob er die Hand und begann, in die Luft zu zeichnen. »Das bedeutet, dass er etwas schreiben will«, übersetzte Hanna. »Er will uns etwas sagen.«

Mit dem Block auf dem Bauch kritzelte Jan zwei Worte auf einen Zettel und gab ihn seiner Frau. Sie las sie und nickte Jan beruhigend zu: »Ich gehe mit dorthin und lese es ihnen vor.«

Genau in diesem Moment betrat die Schwester das Zimmer. »Es tut mir leid«, teilte sie mit, »aber die Besuchszeit ist vorbei. Sie können um vier Uhr wiederkommen.«

Jan sah die Kinder noch einmal an. Mit Mühe brachte er ein Lächeln unter der Maske zustande. Sie verabschiedeten sich. Hanna lehnte sich über ihn und gab ihm einen Kuss auf die Stirn. »Wir kommen wieder«, flüsterte sie, bevor sie das Zimmer verließ.

Er schloss die Augen.

Als sie den Flur hinuntergingen, fragte Lucas Hanna: »Was hat er auf den Zettel geschrieben?«

Sie gab ihm den Block. Die Handschrift war nur

schwer zu lesen. »Ent...bund...entbunden. Nein, doch nicht. Es heißt Entbind...«

»*Entbindungsstation*«, sagte Hanna. »Das ist das Wort, das er aufgeschrieben hat.«

»Was ist das denn?«, fragte Sarah.

»Es ist ein anderer Teil des Krankenhauses. Jan möchte, dass ich mit euch dahin gehe und euch etwas erzähle.«

»Und was war das zweite Wort?«, ließ sich Eric hören.

»*Geheimnis.*« Hanna lächelte. »Er möchte, dass ich euch ein Geheimnis aus dem Buch vorlese.«

Lucas wusste immer noch nicht genau, wo sie genau hingingen, aber er wollte nicht nachfragen. Er war nicht in der Stimmung zu reden. Keiner war es wirklich. Es war eine stille Gruppe, die mit dem Fahrstuhl einige Stockwerke nach unten fuhr.

Nur Sarah sagte etwas. »Ein Krankenhaus ist ein trauriger Ort«, stellte sie fest.

»Was du jetzt sehen wirst, ändert vielleicht deine Meinung«, erwiderte Hanna und legte Sarah den Arm um die Schultern.

Die Fahrstuhltür öffnete sich, und ein Raum voller leuchtender Farben und aufgeregter Menschen wurde sichtbar. Bunte Ballons waren auf eine der Wände gemalt, und ein Aquarium mit bunten Fischen stand in einer Ecke. Direkt vor ihnen standen Menschen, die ihnen den Rücken zudrehten. Die Menschen schauten alle durch ein großes Fenster. Sie lachten und wiesen mit den Fingern auf etwas und hoben kleine Kinder hoch, damit sie etwas sehen konnten.

»Das ist die Baby-Station!«, rief Eric aus. »Mein Cousin wurde hier geboren.«

»Dürfen wir die Babys sehen?«, fragte Sarah.

»Darum sind wir ja hier«, antwortete Hanna.

Die vier gingen zum Fenster. Sarah war gerade groß genug, dass sie die Neugeborenen sehen konnte.

»Die sind ja noch so klein!«, rief sie aus.

»Wie alt sind die denn?«, fragte Lucas und blickte dabei auf die Reihe von Stubenwagen.

»Einige wurden erst heute Morgen geboren«, antwortete Hanna. »Sie sind noch ganz neu hier!«

Es war leicht, über diese kleinen, in Decken gewickelten Bündel zu staunen. Die meisten schliefen, die kleinen Gesichter weich und entspannt. Aber einige schrien laut. »Die müssen Hunger haben«, lachte Eric.

»Sie haben ja auch eine ganz schöne Reise hinter sich!«, fügte Hanna hinzu.

»Mann«, stellte Lucas fest, »das hier ist genau das Gegenteil von dem, was wir bei Jan gesehen haben. Hier sind alle glücklich und froh. Da oben waren alle ganz leise und hatten Angst.«

»Auf eine Art ist es sehr unterschiedlich«, stimmte Hanna zu, »aber auf eine andere auch wieder sehr ähnlich.«

»Wie das denn?«, fragte Lucas.

»Warum setzen wir uns nicht hin? Ich lasse es Jan erklären.«

Sie gingen zu einer Couch und setzten sich. Hanna sprach weiter und zog dabei das Buch der Geheimnisse und den Schlüssel aus ihrer Tasche. »Jan kommt gerne hierher. Er besucht diese Station mindestens einmal in der Woche.«

»Mag er denn Babys so gern?«, fragte Sarah.

»Ja, aber das ist nur ein Teil davon. Er mag auch das, was Gott ihm hier zeigt.«

»Was denn?«

»Vor einiger Zeit nahm er das Buch mit, als er hierher ging. Als er hier saß, hat er einen Brief geschrieben, einen Brief an euch. Er wollte, dass ich euch den Brief vorlese, wenn ihm irgendetwas passiert. Möchtet ihr ihn hören?«

»Na klar«, sagten sie und lehnten sich zum Zuhören vor. Hanna begann zu lesen.

Lieber Lucas, lieber Eric, liebe Sarah,
das ist ein sehr wichtiger Brief. Hanna liest ihn euch vor, weil mir etwas passiert ist. Sie hat euch hierher gebracht, weil ich möchte, dass ihr etwas über das größte Geheimnis des Lebens lernt – das Geheimnis des Todes.

Nur wenige Menschen verstehen den Tod. Die meisten haben Angst davor und versuchen, ihn zu ignorieren. Kaum einer möchte darüber sprechen. Aber Gott möchte, dass ihr ihn versteht. Und er möchte nicht, dass ihr Angst davor habt.

Manche meinen, der Tod ist so ähnlich wie Schlafengehen. Sie liegen falsch. Der Tod ist, wenn du endlich richtig wach wirst. Der Tod ist, wenn du siehst, was Gott die ganze Zeit hindurch getan hat.

Ich möchte, dass ihr etwas für mich tut. Ich möch-

te, dass ihr über diese Babys nachdenkt. Stellt euch vor, was mit ihnen passiert ist. Sie haben gerade einen Ort verlassen und sind an einem anderen angekommen. Noch vor wenigen Stunden waren sie im Bauch ihrer Mütter. Da waren sie sicher. Da war es schön warm. Sie hatten alles, was sie zum Leben brauchten. Das Einzige, was sie tun mussten, war schlafen.

Dann wurden sie plötzlich in eine fremde Welt gepresst, die sie noch nie zuvor gesehen hatten.

Stellt euch einmal vor, ihr könntet mit einem dieser Kleinen reden, bevor sie geboren werden. Was würdet ihr ihm erzählen, was jetzt passieren wird? Was wäre, wenn ihr sagtet: »In ein paar Minuten wirst du diesen Bauch verlassen. Deine Zeit hier ist abgelaufen. Bevor du es begreifst, bist du in einem Raum mit vielen Menschen und Licht und Geräuschen und Gerüchen …«

»Da will ich nicht hin«, sagt das Baby vielleicht. »Mir gefällt es hier. Ich weiß gar nicht, was ›Menschen‹ sind.«

»Oh, da brauchst du dir keine Sorgen zu machen. Es ist gar nicht so schlimm hier«, sagt ihr zu dem Kind. »Du musst dann zur Schule gehen und regelmäßig baden.«

»Was ist denn Schule und Baden? Das klingt aber überhaupt nicht toll. Ich fühle mich hier, wo ich bin, sehr wohl.«

»Aber da ist es doch dunkel. Es ist so eng. Mach dir keine Sorgen. Du bist froh, wenn du da raus bist.«

»Danke, aber nein danke. Ich bin hier sehr glücklich. Ich will hier bleiben.«

Lucas musste bei dem Gedanken an ein Baby, das nicht geboren werden will, lachen. »Das Baby hat doch gar keine Wahl, Hanna. Es muss rauskommen.«

»Ja«, sagte Eric lächelnd, »wer will denn schon für immer in einem Bauch bleiben?«

»Das ist genau das, was Jan euch erklären will«, antwortete Hanna. »Hört zu, was er weiter sagt.«

Seht ihr, es kommt eine Zeit im Leben, da müssen wir wie ein Baby eine Reise machen. So wie das Baby den Bauch verlassen und in diese Welt kommen muss, kommt für uns eine Zeit, diese Welt zu verlassen und in eine andere Welt zu gehen.

Und die meisten Menschen wollen da nicht hin. Wir benehmen uns wie das Baby im Bauch. Uns gefällt es da, wo wir sind. Diese Welt mag nicht vollkommen sein, aber wir kennen sie und wollen sie nicht verlassen.

Hannas Stimme klang erstickt, als sie den nächsten Satz vorlas.

Eric, Lucas und Sarah, für mich ist es Zeit zu gehen. Für mich ist es so weit, zu Gott in seine Welt zu gehen. Ich möchte nicht, dass ihr Angst habt. Ich habe keine. Für mich ist die Zeit da. Ich weiß das. Es ist in Ordnung, traurig zu sein, aber seid bitte nicht zornig. Seid auch nicht verstört. Gott weiß schon, was er tut.

Ich werde euch vermissen, aber wir werden nicht lange getrennt sein. Eines Tages kommt auch für euch die Zeit zu gehen. Und wenn eure Zeit gekommen ist, denkt daran, dass ich schon auf euch warte. Ich werde da sein, wenn ihr ankommt. Ich bin einer von denen, die stolz vor dem Fenster stehen.

Und neben mir wird euer Vater stehen. Euer himmlischer Vater. Wir werden auf euch warten.

Vergesst dieses Geheimnis nicht.

In Liebe, Jan

Hanna hatte den Brief kaum zu Ende gelesen, als ihr Name über den Lautsprecher ausgerufen wurde. Sie wurde gebeten, zur Intensivstation zu kommen. Sie schluckte, sah die Kinder an und sagte: »Gehen wir.« Als sie auf Jans Station ankamen, warteten die Kinder vor dem Zimmer auf Hanna.

Obwohl sie nur ein paar Minuten weg war, schien es Stunden zu dauern.

Als Hanna wiederkam, sah ihr Gesicht blass und traurig aus. Sie setzte sich auf die Couch und weinte leise. »Sie sagen, er ist einfach eingeschlafen und nicht wieder aufgewacht.«

»Er ist weggegangen?«, fragte Sarah.

»Nein, Sarah. Er ist nicht weggegangen, er ist nach Hause gegangen. Er ist endlich zu Hause. Das ist der Tag, von dem er immer geträumt hat.

Hanna sah Lucas und Eric an. »Das hatte er in der Hand.«

Sie gab Lucas seinen Baseball wieder – den gleichen Ball, den Eric durch das Fenster geschlagen hatte. Jan hatte etwas draufgeschrieben: »1. Korinther 15,51«.

»Was steht denn in diesem Vers?«, fragte Lucas.

Eric nahm eine Bibel vom Tisch und schlug die Stelle auf. »Ich möchte euch aber ein Geheimnis anvertrauen: Wir werden nicht alle sterben, aber Gott wird uns alle verwandeln.«

»Das klingt wie etwas, das Jan sagen würde«, meinte Sarah.

»Ich kann gar nicht glauben, dass er tot ist, Hanna.« Lucas kämpfte mit den Tränen.

»Aber Lucas, er ist nicht tot. Er lebt. Er ist jetzt lebendiger als je zuvor. Er ist nur nicht mehr hier.«

»Was machen wir denn jetzt?«, fragte Eric.

»Was wir machen? Wir bereiten uns wie Jan auf diesen Zeitpunkt vor, wenn wir aus dieser Welt in eine andere gehen. Sein ganzes Leben gehörte Gott. Und da er auf der Erde für Gott lebte, wird er nun in der neuen Welt bei Gott leben.«

Hanna blickte auf die drei Kinder, die vor ihr standen. Sie dachten einen Moment an das, was sie gemeinsam gelernt hatten. Das, was sie von Gott über Wachsen und Vergebung und Liebe gehört hatten. Die Geschichten über die Wemmicks, Punchinello und die Melodie des Königs.

»Gott hat Jan dazu gebraucht, uns etwas Wichtiges zu zeigen«, sagte sie, zog Sarah auf ihren Schoß und legte die Arme um die Jungs. »Wir werden ihn vermissen. Aber wir werden ihn auch wiedersehen. Und wenn es so weit ist, werden wir für immer zusammen sein. Das hat uns Gott versprochen. Und das ist kein Geheimnis.«

Andy Andrews

Die Begegnung

Manchmal muss man die Dinge
nur ein bisschen anders sehen

160 Seiten, gebunden
ISBN 978-3-7655-1764-8

„Manchmal muss man die Dinge nur ein bisschen anders sehen“. Diesen Satz kann Andy nicht vergessen. Dieser Satz von Jones, dem Mann mit dem Koffer, hat sein Leben zum Guten verändert, hat ihm Freude und Perspektiven fürs Leben gegeben. Wie Andy geht es vielen anderen in Orange Beach: einem Paar kurz vor der Trennung, jungen Leuten ohne Hoffnung, einem Unternehmer mit unsauberen Geschäften, zwei alten Menschen ohne Freude. Alle finden sie auf die Spur des Lebens zurück, alle erleben und entdecken sie Unglaubliches. Und alle fragen sie sich: Wer ist der Mann mit dem Koffer, der nie zu altern scheint?

BRUNNEN VERLAG GIESSEN
www.brunnen-verlag.de

Titus Müller

Vom Glück zu leben

Das kleine Buch
für Lebenskünstler

192 Seiten, gebunden
ISBN 978-3-7655-1309-1

Muss man zum Lebenskünstler geboren sein? Nein, man kann es lernen – und das ist gar nicht so schwer. Titus Müller erzählt anhand eigener Erlebnisse von der Kunst, kleine bunte Glücksmomente im Alltag aufzuspüren und das Leben mit allen Sinnen zu genießen. Anregungen für mehr Lebensfreude in über 80 Portionen.